玩的艺术与启迪

——幼儿园民族传统文化艺术教育实践

任宝丽　主编

中国言实出版社

图书在版编目(CIP)数据

玩的艺术与启迪:幼儿园民族传统文化艺术教育实
践 / 任宝丽主编 . -- 北京:中国言实出版社,2024.
10. -- ISBN 978-7-5171-4966-8

Ⅰ . G613.5

中国国家版本馆 CIP 数据核字第 2024NH9150 号

玩的艺术与启迪——幼儿园民族传统文化艺术教育实践

责任编辑:宫媛媛
责任校对:张国旗

出版发行:中国言实出版社
　　地　址:北京市朝阳区北苑路180号加利大厦5号楼105室
　　邮　编:100101
　　编辑部:北京市海淀区花园北路35号院9号楼302室
　　邮　编:100083
　　电　话:010-64924853(总编室)　010-64924716(发行部)
　　网　址:www.zgyscbs.cn　电子邮箱:zgyscbs@263.net

经　销:新华书店
印　刷:北京虎彩文化传播有限公司
版　次:2024年10月第1版　2024年10月第1次印刷
规　格:787毫米×1092毫米　1/16　16印张
字　数:236千字

定　价:68.00元
书　号:ISBN 978-7-5171-4966-8

前　言

北京市海淀区民族幼儿园是坚持以铸牢中华民族共同体意识为主线，以开展民族团结教育为特色的全日制幼儿园。在这里，少数民族幼儿占比49%，汉族、满族、回族、蒙古族、朝鲜族、土家族、瑶族、佤族等13个民族的孩子们欢聚一堂，共同书写着民族和谐、文化共荣的美好篇章。

自2016年成立以来，我园始终坚守"和而不同，睦爱成长"的办园理念，尊重每一个民族的独特性，关心爱护每一个孩子，努力营造温馨和谐、和睦友爱的园所氛围。我们深知，民族传统文化艺术教育是幼儿园教育的重要组成部分，它承载着传承文化、启迪智慧、陶冶情操等重要使命，是促进孩子们全面发展的重要途径。因此，我们深入挖掘和利用民族特色资源，设计并实施了一系列富有民族传统文化特色的教育活动。

2019年4月，《玩的艺术与启迪——幼儿园民族传统体育游戏实践》一书由北京体育大学出版社出版发行，该书集结了我园"十三五"期间研究和实践的适合幼儿园开展的民族传统体育游戏成果。如今，《玩的艺术与启迪——幼儿园民族传统文化艺术教育实践》一书在我们不忘初心、持续多年的深化探索与实践中顺利结集，主要汇集了我园一线教师在工作实践中的真实案例，包括民族传统主题活动的设计与实施、课程故事的讲述、民族艺术领域的活动设计以及幼儿学习故事的记录等。这些鲜活的实践案例，描绘出孩子们在民族传统文化艺术教育熏陶下的成长轨迹。每一次活动、每一个故事，都凝聚着教师对孩子们深深的爱与期待，充满着温度与情感，不仅展示了我园在民族传统文化艺术教育方面的初步成果，也为我园今后进一步深化民族团结教育提供了宝贵的经验和启示。

在书中，你可以看到孩子们在民族音乐中展现的灵动与活力，在民族手工艺制作中体验到的创造与乐趣。他们在游戏中与同伴互动，在玩耍中与自然对话。他们在民族文化艺术的熏陶下，逐渐形成了自己的国家观、民族观、艺术观、价值观和人生观，把中华民族共同体意识从小就植入了孩子们的心灵。

在此，衷心感谢所有为本书付出辛勤努力的教师们，也感谢广大家长和社会各界对我园工作的关注与支持。期待通过本书的出版，能够引发更多人对幼儿园民族传统文化艺术教育的关注和思考，为孩子们打造一个更加丰富多彩、幸福快乐的教育空间，将民族传统文化艺术的种子播撒在孩子们的心田，培育更多传承和弘扬民族文化的使者，共同推动民族类幼儿园教育的高质量发展。

编　者

2024 年 10 月

目 录

第一章

民族音乐教育

学前音乐教育是学前教育的重要组成部分，对培养幼儿综合素质，促进幼儿综合能力发展起着至关重要的作用，具体表现在以下几个方面。

一、有利于促进幼儿身心健康发展

音乐是独具魅力的艺术门类，承载着人们对美好生活的向往和对世界万物的情感表达。学前音乐教育能够将这些内容传递给幼儿，通过带有节奏感的曲调歌词，引导幼儿理解生活中的人、事、物。学前音乐教育活动涵盖多种形式，能够满足幼儿对音乐学习的不同需求，从而有利于激发幼儿的好奇心理和探究欲望，形成积极的学习态度。此外，从生理学角度来讲，歌唱可以促进幼儿血液循环、改善呼吸节奏，增强幼儿的心肺功能；打击乐器演奏可以刺激幼儿的神经系统，促使各个身体器官协调动作；舞蹈演出可以锻炼幼儿的身体控制能力，促使幼儿肌肉群、骨骼之间相互配合，提高幼儿的身体免疫力。由此可以看出，开展学前音乐教育，对促进幼儿身心健康发展有着重要作用。

二、有助于提高幼儿的认知能力

受年龄的制约，幼儿的认知能力较为有限，在对幼儿进行音乐教学的过程中，教师可以将歌曲的词、调、表现动作等内容融为一体。幼儿为了达到教师要求的演唱水平，便需要不断加强认知练习，以此来增强对音乐节奏的记忆。由此可见，音乐教育对于幼儿认知能力的提高有一定的帮助。从本质上讲，几乎所有的音乐素材都来源于现实生活，是生活的一种抽象表达形式，对幼儿进行音乐教育的过程就是向他们讲述生活的过程，这一过程有利于促进幼儿对音乐的开拓想象和表达想象。幼儿在学习音乐时，能够增加对生活中各类事物的观察能力，从而创造出自己想象出来的动作和行为，由此可以使幼儿的认知水平获得进一步提升。音乐是一种用声音刺激听众的感知艺术，通过学前音乐教育可以促进幼儿感知能力的提升，随着感知能力的增强，幼儿的认知水平自然会获得提高。在音乐教学活动中，幼儿为了能够分辨出不同的音调和歌曲旋律，他们会集中精神和注意力去感受音乐，并从中感悟音乐的魅力。

三、有利于培养幼儿的情绪情感

由于幼儿的年龄较小，所以他们的情感发展要经历由低到高的过程，在此过程中，教师若是可以为幼儿提供适宜他们发展的音乐教育，便可以促使幼儿的情感快速发展。不仅如此，适宜的音乐教育还能使幼儿的自我情感沟通能力得以增强，特别是一些优秀的音乐作品，能使幼儿对音乐产生情感共鸣，有利于良好情绪和情感的培养。向幼儿灌输音乐知识和技能并不是学前音乐教育的主要目标，该阶段的音乐教育是为了让幼儿感受音乐，体会音乐所带来的快乐和愉悦，进而对生活产生出乐观的态度。相关研究结果显示，在幼儿阶段接受过音乐教育的孩子，在青少年阶段及成年后，会对生活抱有乐观的态度，他们乐于助人，愿意与他人分享，这是音乐教育对他们的一种馈赠，可以使人受用一生。孩子快乐地成长是每一位家长最大的心愿，通过音乐教育可以使孩子在快乐的氛围中健康成长，这对于幼儿良好情绪情感的培养非常有利。

四、有利于提高幼儿的语言能力

歌曲是音乐的主要表现形式之一，一首完整的歌曲是由词和曲两部分组成的，其中的歌词是音乐艺术魅力的完美展现，是语言文字的升华。对幼儿进行音乐教育，能够使幼儿认知并积累更多词汇，对于其语言能力的提升具有重要作用。一些优秀的音乐作品来自于优美的诗歌，以这样的作品对幼儿进行音乐教学，不但可以强化幼儿对语言的理解和运用能力，而且还能使他们的听音和辨音能力得到锻炼，鉴于此，在学前教育阶段，应重视对幼儿的音乐教育，以此来为幼儿语言表达能力的提升打下坚实的基础。

那么，民族音乐教育与音乐教育又有哪些差异呢？

民族音乐是中华民族思想文化与审美艺术的凝结体，蕴含着丰富的人文意蕴和价值内涵。新时代加强民族音乐教育，有助于传播弘扬中华民族优秀传统文化，提升民族凝聚力和认同感。

下面的表格可以呈现这一差异。

表 1-1-1　幼儿园民族音乐教育与音乐教育的异同

维度	幼儿园民族音乐教育	幼儿园音乐教育
教育内容	专注于民族音乐的传承与发展，教授民族的音乐风格、乐器演奏、歌曲演唱等	涵盖音乐的多个领域，包括音乐基础知识、乐器演奏、歌曲演唱、音乐欣赏等
教育目标	培养幼儿对民族音乐的认同感和自豪感，传承和弘扬中华优秀传统文化	全面提升幼儿的音乐素养，包括音乐感知、表达、创造等能力
教学方法	强调口传心授、亲身体验、参与民族音乐活动等方式	采用多样化的教学方法，如游戏化教学、律动教学、音乐故事等
文化价值	突出各民族文化的独特性和丰富性，增强幼儿的民族自豪感和文化认同感	培养幼儿对多元文化的认识和尊重，促进文化交流与融合
情感培养	注重通过民族音乐培养幼儿的情感表达和沟通能力	强调通过音乐培养幼儿的情感、想象力和创造力

从表格中可以看出，幼儿园民族音乐教育与幼儿园音乐教育在教育内容、教育目标、教学方法、文化价值和情感培养等方面都存在一定的差异。幼儿园民族音乐教育更侧重于对中华民族音乐的传承与发展，侧重培养幼儿对中华民族的认同感和自豪感；而幼儿园音乐教育则更注重全面提升幼儿的音乐素养，涵盖音乐的多个领域。

当然，两者也有很多相似之处，如都强调通过音乐活动培养幼儿的情感表达和沟通能力，都注重多样化的教学方法和教学手段的运用。在幼儿园音乐教育中，也可以融入民族音乐元素，使幼儿在多元文化的环境中更好地成长和发展。

第一节　音乐律动活动

活动一：小班律动《咏鹅》（汉族）

活动设计：松　楠

设计思路：

这首 4/4 拍的《咏鹅》适用于小班的教学活动，可以帮助幼儿初步了解小白鹅的外形特征，培养幼儿朗读古诗的兴趣，激发幼儿用动作表演歌曲的欲望。《咏鹅》这首歌曲旋律优美，歌词简洁明了，本首歌曲中还加入了葫芦丝的伴奏，让人感受到了傣族风情。本班幼儿对古诗歌曲很喜欢，我们经常在幼儿园一日活动的过渡环节中播放古诗歌曲。

活动目标：

1. 欣赏、感受歌曲《咏鹅》4/4 拍的旋律。
2. 尝试用动作进行表演，学唱《咏鹅》歌曲。
3. 愿意参加音乐活动，体验大家一起进行音乐游戏的快乐。

活动重点：

学唱歌曲《咏鹅》感受 4/4 拍旋律。

活动难点：

尝试用动作进行表演。

活动准备：

1. 物质准备：歌曲《咏鹅》、胸前卡片。
2. 经验准备：观看过小白鹅游水的视频。

活动过程：

1. 情境导入

（1）带领幼儿观察身上的标识，激发幼儿兴趣。

师：小朋友们，你们看今天我们都装扮成小白鹅的样子了，今天的天气可真好，妈妈带你们到池塘里去游泳吧！

（2）听音乐做戏水的动作——伸伸脖子、理理羽毛、划划水。

师：游累了，我们来休息一下，你们听，这是什么声音呢？哦，原来呀，小鹅看见这么多的小朋友来了，正在高兴地欢迎我们呢！

（设计思路：播放音频，让幼儿猜一猜音频里是谁的声音，引发幼儿的兴趣。）

2. 欣赏歌曲《咏鹅》

教师跳舞蹈，幼儿欣赏。

师：小白鹅一边在欢迎我们，一边还在跳舞呢，我也和小白鹅学了一些舞蹈动作，请小朋友们一起看一下吧。

（设计思路：幼儿观看老师的动作，初步进行学习。）

3. 模仿动作，引导幼儿学唱歌曲《咏鹅》

引导幼儿模仿动作，边学边唱。

师：小朋友们，它们是怎么在跳舞的呀？

（1）它们的脖子是怎样的？（它们伸着脖子，头还抬得高高的，一边跳舞一边还唱着歌呢：曲项向天歌）集体模仿动作。

（2）它们的羽毛是什么颜色的？（白白的羽毛）哦，你们看它们还在水里游泳呢。（白毛浮绿水）集体模仿动作。

（3）它们的小脚可真漂亮，是什么颜色的呀？（红红的）那它们是怎么在游的呀？哦，像划船一样的，我们来学学看。（红掌拨清波）集体模仿动作。

（设计思路：幼儿回忆小白鹅的动作，初步进行模仿动作，完成难点。）

4. 播放儿歌，幼儿进行展示

（1）播放音乐，教师带领幼儿边唱边跳。

师：我们现在听着音乐轻轻地来学学小白鹅边唱边跳，好不好？

（2）再次播放音乐，鼓励幼儿大胆进行表演。

师：这次我们大声地唱给小白鹅听。

（设计思路：播放音乐，幼儿边唱边跳。）

师：这一次，小白鹅想请你们找个朋友表演给它看，你们愿不愿意呀？两个小朋友手牵手到草地上一边唱歌一边跳舞吧。

5. 小结

师：小朋友们，今天我们学习了一首好听的歌曲叫作《咏鹅》，讲了小白鹅的故事，我们回去也把这首歌表演给爸爸妈妈听吧！下面，小白鹅们，我们游到那边玩一会儿吧！

活动延伸：

表演区：进行《咏鹅》歌舞表演。

教学反思：

本节活动利用音频和图片的形式引起幼儿的兴趣，幼儿通过模仿动作对《咏鹅》这首歌有了认识和了解。本次教学活动中，我主要采用肢体动作模仿来表现古诗内容。通过引导幼儿模仿小白鹅头抬得高高的伸着脖子唱着歌、在水里像划船一样游泳等动作来初步理解诗歌内容并感知诗的意境。这个活动环节幼儿参与的积极性很强，模仿得也很不错，师幼互动也很好。在这个环节中，幼儿还初步了解小白鹅基本的外形特征，如鹅的长长的脖子、白白的羽毛、红红的脚掌。

活动二：小班律动《勇敢的鄂伦春》（鄂伦春族）

活动设计：张　旭

设计思路：

《勇敢的鄂伦春》是一首节奏欢快、2/4拍的鄂伦春民歌，歌曲节奏明快，音乐形象鲜明，歌词简练，通俗易懂，充满了无比自豪的情感，展现了鄂伦春人民不惧严寒、守护山林的形象。幼儿在前期对鄂伦春民族的人民和风俗有所了解，本班幼儿对音乐律动十分感兴趣，在倾听鄂伦春民族音乐的旋律时能翩翩起舞，因此我们进一步学习鄂伦春民族的歌曲。

活动目标：

1. 了解鄂伦春族音乐的特点，欣赏音乐欢快的旋律。
2. 能跟随教师的动作进行模仿，并根据图谱大胆表现音乐的内容。
3. 喜欢参与音乐活动，感受鄂伦春族民族风情。

活动重点：

欣赏音乐欢快的旋律，跟随教师的音乐动作进行模仿。

活动难点：

根据图谱大胆表现音乐的内容。

活动准备：

经验：了解鄂伦春民族的地理位置、民俗等。
物质：PPT、鄂伦春族服饰。

活动过程：

1. 播放音乐《蓝精灵》，创设情境，激发幼儿参与游戏的愿望

师：我们来到了大森林，让我们和蓝精灵共舞吧。

2. 播放 PPT，播放音乐《勇敢的鄂伦春》，感受歌曲欢快的旋律

（1）观看 PPT 情境，感受森林和了解鄂伦春族小朋友。

师：大家看，远处来了一位小朋友，谁认识他是哪个民族的小朋友？（鄂伦春族）今天老师也穿了和平时不一样的衣服，请你们仔细看一看，我这是哪个民族的衣服呢？

（2）欣赏《勇敢的鄂伦春》音乐。

师：鄂伦春族的小朋友可不是空手来的哦，他还带来了一首欢快的音乐送给大家，让我们一起来听听吧。（幼儿听两遍音乐，播放音乐的同时老师做动作，幼儿可以跟着模仿。）

3. 播放 PPT，模仿教师学习鄂伦春族标志性的动作

（1）观看 PPT，模仿教师学习鄂伦春族标志性动作。

师：大家还记得鄂伦春族的小朋友都有哪些标志性的动作吗？

师：举火把、撒花、鄂伦春族小朋友有强壮的身体、骑马、打枪、敲鼓、拉手跳舞，等等。

（2）聆听音乐，跟随教师模仿动作，大胆表现。

师：小朋友们，让我们用上这些动作和鄂伦春族小朋友一起舞蹈吧。（多次播放音乐）

4.聆听音乐，根据图谱动作大胆表现音乐的内容

师：小朋友们，鄂伦春族小朋友带了一张小图谱，让我们跟随音乐一起来试一试吧！

重点指导：跟随音乐表现的情境做动作，动作可以稍慢，教师用语言提示。

5.小结

师：哇，刚才我们用学到的这么多鄂伦春族的动作表演了这首《勇敢的鄂伦春》，现在鄂伦春族的小朋友要带着我们去他家做客了，让我们边跳边去吧。

活动延伸：

1.在表演区中提供音乐和相关的道具，鼓励幼儿跟随音乐《勇敢的鄂伦春》自由表演。

2.角色区提供鄂伦春族服装，鼓励幼儿角色扮演鄂伦春族小朋友的一家。

教学反思：

本节音乐律动活动符合小班幼儿的年龄特点，幼儿对《勇敢的鄂伦春》这首旋律欢快的歌曲产生了浓厚的兴趣。活动中我运用了幼儿熟悉的音乐进行导入，在相关情境中引出音乐主人公。活动的过程中，我始终处于一个引导者的位置，引导幼儿能够主动大胆地做出律动动作，对于他们的动作表示肯定；在老师的鼓励中，幼儿体验到参与和大胆表现自己的快乐，同时幼儿也通过音乐了解鄂伦春民族对音乐的热爱。

活动三：中班律动《赏月舞》（高山族）

活动设计：马雨梦

设计思路：

《赏月舞》是高山族人民每到丰收的时节，齐聚一堂，在美丽的月色下，一起唱歌跳舞，欢庆丰收时跳的舞蹈，此音乐为2/4拍，节奏欢快、动感，长音较多。结合我班幼儿喜欢节奏欢快和节奏感强的音乐的特点，以及班级自然角开展"丰收季

节"的活动,《赏月舞》应时应景,能够支持我班幼儿在音乐活动中大胆表达表现自己的肢体动作,展现自己的想象力与创造力。

活动目标:

1. 了解高山族民歌的特点,感受 2/4 拍节奏特点。
2. 能动作协调、按音乐节拍节奏做律动并能大胆创编打招呼的动作。
3. 喜欢参与律动活动,表现高山族舞曲的风格,感受乐曲的欢快。

活动重点:

了解高山族民歌的特点,感受 2/4 拍的节奏特点。

活动难点:

能动作协调、按音乐节拍节奏做律动,并能大胆创编动作。

活动准备:

物质准备:纱巾、《赏月舞》音乐、高山族人民欢歌乐舞的图片、幻灯片、套手的小花环。

经验准备:幼儿已经熟悉《赏月舞》这首歌。

活动过程:

1. 律动进场,感受乐曲的欢快,引出音乐

《赏月舞》为背景音乐,幼儿将小花环套在手上后,边进场,边做律动。

2. 感受节奏、节拍,复习律动,幼儿围圆盘腿而坐,进行游戏

(1)拍手游戏一:熟悉 2/4 拍的节奏特点。

游戏玩法:先把左手伸出来,再把右手举高;先拍一下自己的手,再拍一下旁边小朋友的手。

(2)随音乐做拍手律动,感知 2/4 拍的节奏特点。

3. 表现与表达，复习歌词："啦奴哇哆噎呀……"的词义，感受高山族民歌的特点

（1）谈话导入：今天，马老师带来了高山族人民一起庆祝丰收、欢歌乐舞的图片，高山族人民每到丰收的时节，都会齐聚一堂，在美丽的月色下，一起唱歌跳舞，欢庆丰收的时刻。我们也来一起感受一下他们的快乐吧！（出示幻灯片，让幼儿欣赏高山族人民庆丰收、欢歌乐舞的情景。）

（2）师：我听说高山族人民都非常友好、讲礼貌，还把问候的语言唱进了歌曲里面，我想问问小朋友，你们知道歌曲里面所唱的"啦奴哇哆噎呀……"这句歌词是什么意思呢？

幼：你好。

师：那平时你们使用怎样的礼貌动作来与别人说"你好"的呢？

幼：互相表现打招呼的方法——鞠躬、握手、招手、拥抱等。

师：一起用高山族的语言来互相做动作问候。

（3）请幼儿观看幻灯片"美丽的月亮"，引出：这么美丽的月亮，让我都想跳舞了，请你们和我一起来跳个舞吧！

4. 创编与创造，用道具进行律动，感知高山族舞曲的风格

（1）集体讨论刚才老师的表演用了几个动作，并一起做出这几个动作。

（2）在问候环节鼓励孩子创编一个和老师不一样的动作，并做示范，带全体幼儿一起学习。

（3）讨论：音乐结束后，单个幼儿或多个幼儿一起摆一个漂亮的动作做结束造型。

（4）幼儿跟随音乐自由做身体律动表演，并在间奏时由一个圆变两个圆做队形变化。

（5）利用纱巾表演律动，感受乐曲欢快的气氛。

师：月亮姐姐知道你们跳的舞非常好看，所以它为我们准备了一样漂亮的表演道具，看看！（幼儿自取纱巾）

①幼儿先探索想象纱巾能变成什么，让大家说一说，自己的纱巾会怎样跳舞？集体排成一竖排，面对观众站好，做自己创编的动作，亮相给观众看。

②幼儿利用纱巾跟随音乐自由做身体律动表演，音乐最后摆出一个集体的造型

结束律动表演。

5. 教师总结，经验梳理

师：今天小朋友们都感受了高山族美好的《赏月舞》音乐，邀请了你们的好朋友进行律动学习与表演，还能自己进行动作的创编。在这个过程中我发现很多小朋友都掌握了高山族舞曲的风格，对于节奏和节拍也掌握得比较好，还能运用纱巾进行律动，你们都跳得特别棒，给自己鼓掌加油吧！

活动延伸：

结合表演区展示排练舞蹈。

教学反思：

本次活动基本达到了活动的目标，在突破难点时幼儿能积极参与动作的创编，对于2/4拍的掌握也比较好，做拍手游戏时应该坐下来，在拍手前应进行详细的介绍，拍自己手和拍别人手，在做律动时右脚向前、然后向后，并没有走起来。幼儿愿意参与活动，两人拉圈时动作较为协调，纱巾如果没有的话，可以用皱纹纸代替，来让幼儿感知节拍和节奏的特点。

活动四：中班律动《瑶族舞曲》（瑶族）

活动设计：隗利洋

设计思路：

《瑶族舞曲》是一首节奏特点鲜明的乐曲，前段悠扬，后段欢快，2/4拍节奏，能够支持幼儿用动作表现乐曲中节奏的变化特点，并尝试创编动作大胆表现，在创编中可以加入纸片、丝巾等道具，帮助幼儿感受每段乐曲的特点。在环节设计上循序渐进，增加难度，充分表现乐曲的特点。

活动目标：

1. 欣赏乐曲，感受瑶族特色和乐曲旋律的不同。

2. 创造性地运用动作、道具等形式表现乐曲各段的不同特点。

3. 大胆表达自己的想法，对音乐活动感兴趣，在唱唱玩玩中获得快乐。

活动重点：

创造性地运用动作、道具等形式表现乐曲各段的不同特点。

活动难点：

大胆表达自己的想法，能用恰当的动作明显表现出乐曲各段的不同特点。

活动准备：

物质准备：《瑶族舞曲》音乐、彩色纸片、纱巾。

经验准备：有初步动作表现的经验，了解《瑶族舞曲》的旋律。

活动过程：

1. 导入：观看视频，感受《瑶族舞曲》的特色

教师出示《瑶族舞曲》视频，带领幼儿感受瑶族的民风民俗。

师：小朋友，你们还记得这首歌吗？这是《瑶族舞曲》，是瑶族小朋友们庆祝节日的乐曲，下面我们来完整地听一听，请小朋友说出你听完有什么感受。

教师小结：教师通过视频引起幼儿兴趣，完整播放乐曲，感受乐曲的不同旋律。

2. 引导幼儿用动作表现乐曲的不同旋律特点

（1）用动作表现快、慢节奏的不同。

师：听了音乐，看了视频，有小朋友说这个音乐有快有慢，那我们想一想慢的时候我们可以用什么动作表现，快的时候又可以用什么动作表现呢？（分段播放音乐，给2分钟自己创编动作）

（2）通过幼儿展示动作、动作接力的方式进行表现，感受音乐的快慢节奏。

师：小朋友们已经跃跃欲试了，我们分组请几位小朋友来展示一下，你是用什么动作来表现乐曲各段的不同特点的。

师：小朋友们都很棒啊，让我们跟着这几位小朋友一起来试试，看看他们的动作能不能表现出不同特点。

教师小结：请小朋友展示自己的动作，教师以及观看的小朋友一起评价这些动作能不能准确表现出各段乐曲的不同特点。

3. 运用道具表现乐曲各段的不同特点

（1）教师介绍道具，引导幼儿分组取道具。

师：今天洋洋老师为大家准备了纸片和丝巾，现在请小朋友分为两组，去探索一下，怎么用道具表现乐曲各段的不同特点。

师：请小朋友们有序领取道具。

（2）分组指导。

师：小朋友，你们知道纸片怎么发出声音吗？来试试。感受纸片的声音，尝试使用纸片表现音乐快慢的不同。

（纱巾同上）

（3）分小组展示。

教师小结：小朋友们都了解了乐曲各段的不同特点，增加道具，分小组探索、展示，丰富了幼儿表现乐曲特点的形式。

4. 在幼儿掌握用道具表现乐曲各段特点的基础上，两组共同进行表演

师：小朋友们都探索了不同的道具，也创编了不同的动作，下面老师想请小朋友们一起来共同为乐曲表演。

教师小结：完整播放音乐，分小组表现音乐各段。

5. 教师小结，经验梳理

教师总结："我们今天不仅感受到了《瑶族舞曲》的轻柔和欢快，我们还用纸片、纱巾表演出了乐曲各段的不同特点，希望小朋友们以后在表演区也能够用好看的动作表演出不同的音乐！"

活动延伸：

结合表演区进行音乐表演。
结合美工区画出音乐的意境。

教学反思：

乐曲生动地描绘了瑶族人民欢庆节日时的歌舞场面。幼儿充分感受到了乐曲优

雅高贵的旋律和轻盈明快的节奏，感受乐曲表达的欢乐情绪。活动中，幼儿积极尝试用动作大胆表现乐曲中节奏的变化特点，在创编中加入了纸片、丝巾等道具，使幼儿清晰、有趣地感受到了乐曲不同段的特点，达到了教学目标。

活动五：大班律动《冬不拉的传说》（哈萨克族）

活动设计：张汀鹭

设计思路：

根据《3—6岁儿童学习与发展指南》中针对大班幼儿的学习特点，我在活动设计上加入了合作性、交流性、互动性较强的环节，并为幼儿提供机会来进行动作创编。基于本班幼儿的兴趣，本次音乐活动我将以合作、分组式的音乐表演形式开展。首先，在开展前我了解到幼儿对少数民族乐器与舞蹈已经有了一定的了解，结合这首哈萨克族音乐，我尝试将幼儿的天性与潜能激发出来，引导幼儿能在音乐中表现、表达自我；其次，这首音乐节奏鲜明、活泼欢快，节奏感强，故设计此次活动。

活动目标：

1. 感受音乐的节奏，尝试用合适的语言或者肢体动作大胆表达对音乐的感受；
2. 尝试加入哈萨克族舞蹈元素进行动作创编；
3. 认识民族乐器冬不拉，欣赏民族音乐，了解少数民族风情。

活动重点：

感受音乐的节奏，尝试用合适的肢体动作大胆表现对音乐的感受。

活动难点：

在舞蹈动作创编中，增加哈萨克族舞蹈元素。

活动准备：

物质准备:《冬不拉的传说》音乐、纱巾、哈萨克族特色服饰。

经验准备：对哈萨克族舞蹈有一定的了解。

活动过程：

1. 出示 PPT 图片，认识乐器冬不拉，引出音乐

师：有小朋友知道这是哪里吗？

教师小结：这是新疆，新疆的风景很美，而且这里的人们都能歌善舞！

师：在这里有一个特别的乐器（出示乐器），有人知道这个乐器吗？

师：这个乐器的名字叫冬不拉。我们一起来听一听，感受它的声音（教师弹拨）。

师：你们感觉它发出的声音是什么样子的？（幼儿回答）

2. 播放音乐《冬不拉的传说》，感受音乐的节奏与旋律

师：接下来我将播放一首歌曲，它是由冬不拉演奏的，叫作《冬不拉的传说》，我们仔细来听一下，请小朋友们闭上眼睛，在听的过程中想一想你看到了什么？

播放音乐。

师：好，音乐结束了，你们想到了什么？（幼儿举手发言）

师：哇，你们想到了好多，这是一首哈萨克族的乐曲，这欢快的节奏让我联想到了哈萨克族能歌善舞的人们在跳舞；谁会做哈萨克族舞蹈的动作，请小朋友来跳跳哈萨克族的舞蹈动作。（幼儿自由舞蹈）

3. 播放音乐，用自己的肢体动作进行创编，加入哈萨克族舞蹈元素来表现歌曲

（1）音乐截取片段，教师示范。

师：现在请我们小朋友来围一个圈，跟着老师一起动吧！

（2）幼儿随着音乐跳舞。

师：那我们玩一个游戏，从我开始每做一个动作，就换你右边的小朋友来带领其他小朋友一起做，看谁想的动作最好看！

（3）分组。

师：你们的动作都很好看，那现在我们自由结组，请每个小朋友都想一些好看的动作表演给其他小朋友看看吧。

4. 幼儿展示评价作品，对音乐进行动作创编，激发幼儿热爱音乐

师：排练时间到了，哪组小朋友愿为我们展示你们的舞蹈作品？（幼儿展示）

师：你们觉得刚才小朋友跳得怎么样？有没有值得你们学习的地方？（幼幼互评）

5.教师总结，经验梳理

师：今天小朋友们都邀请了你们的好朋友进行律动学习与表演，在这个过程中，我发现很多小朋友都学会了带有哈萨克族舞蹈元素的肢体表演，你们都跳得特别棒，给自己鼓掌加油吧！

活动延伸：

结合表演区（星光小剧场）展示排练舞蹈。

结合美工区制作哈萨克族服饰。

教学反思：

本次活动根据幼儿的个体差异，我将幼儿分为两组进行教学。对于能力较弱的幼儿，我用了更多时间去帮助他们感受音乐，并在分组排练中、在环境上采取了提供一些哈萨克族舞蹈基础动作照片和截取缩短音乐的方式，方便幼儿有更多时间去进行创编。两组幼儿表现得都非常好，具有很好的表现力，均达到了本次活动的目标。在下次活动中我可以为幼儿提供更多的材料（纱巾、手铃等）来帮助幼儿完成更多精彩丰富的演出。

活动六：大班律动《嘎达梅林》（蒙古族）

活动设计：吴　迪

设计思路：

幼儿对蒙古族有一定的兴趣，在活动开展前，幼儿对蒙古族的生活习俗、穿着有了一定的了解，也开展过类似的音乐活动。针对幼儿前期经验的积累，设计了本次律动活动《嘎达梅林》。这首《嘎达梅林》是4/4拍，曲风高亢悠扬且悲伤凄凉，体现了蒙古族歌曲特点。该音乐背景是民族英雄嘎达梅林为了反对封建统治者和军阀开垦草原，最后战死沙场。后人为了纪念他，用他的名字来命名这首歌曲。通过该活动促进幼儿对音乐的理解，通过小组合作共同创编动作，再次感受蒙古族民俗风情。

活动目标：

1. 了解蒙古族音乐特点，能表达出对其音乐的理解和感受。
2. 能大胆创编动作，并动作协调地随音乐进行表演与表现。
3. 喜欢参与律动活动，感受蒙古族民俗风情。

活动重点：

能听音乐创编动作，描述出对音乐的理解和感受。

活动难点：

能大胆创编动作，并动作协调地随音乐进行表演与表现。

活动准备：

物质准备：音乐、图片、哈达（纱巾）、蒙古帽、自制鞭子等。
经验准备：了解蒙古族音乐的特点及马头琴的音色。

活动过程：

1. 音乐导入，感受音乐

播放音乐，幼儿随音乐进行舞蹈。

师：我们刚刚播放的音乐是哪个民族的？你是怎么知道的？都做了哪些动作？

小结：没错，这是蒙古族的音乐，蒙古族的舞蹈动作里面有骑马、挤奶、揉肩、甩鞭子、拉马头琴……

2. 欣赏音乐，感受音乐的特点

（1）播放第一遍音乐。

师：听完这首音乐，你有什么感受？

小结：小朋友说得真好！没错，这首音乐歌颂的是一个民族英雄——嘎达梅林，他为了反对封建统治者和军阀开垦草原，最后战死沙场，蒙古族人民为了纪

念他，谱写了这首歌曲。这首歌曲给人带来一种舒缓、悲凉的情绪。（强调4/4拍长音）

（2）播放第二遍音乐。

师：那么我们再来听一听这段音乐，思考你想做什么动作？

个别幼儿表达自己的想法，做动作。

（3）播放第三遍音乐。

师：请你们自己创编动作，跟着音乐来试一试！

（4）播放第四遍音乐。

师：我们一起围成圆圈，每个人都想一个跟别人不一样的动作，我站到谁的后面，谁来做动作……

教师总结：小朋友都有自己的想法，特别棒！

3.分组创编动作

师：那么我们分组进行创编，可以用上我给小朋友们准备的道具，请你们商量动作、队形，最后每组进行表演和展示。

（1）幼儿分组创编动作。

师：请小朋友分成两组，同一组的小朋友商量动作，争取每个人不一样，看看哪个组的小朋友最会创编动作。

（2）教师巡回指导。

①鼓励幼儿大胆创编动作，都能参与其中。

②引导幼儿跟着音乐进行律动，选择合适的动作进行创编。

③提示幼儿将结束动作展现出来，体现小组的创编成果。

4.小组分享与展示

（1）小组分享与展示。

师：哪个小组的小朋友想先展示？请另一组小朋友认真看，他们有什么地方值得我们学习，还有哪些地方可以改善，需要你们来提建议。

（2）幼儿互相评价。

小结：小朋友能够看到彼此的优点，也都存在不足，小朋友能够明确地指出问题，而且被点评的小朋友也非常懂礼貌！

5. 结束

师：今天我们看到了三组小朋友的表演，都很精彩！但是每个小组都有不同的问题需要改进，那么小朋友可以利用活动区，在表演区进行完善；最后可以在小剧场进行演出，让更多的小朋友来观看！

活动延伸：

1. 表演区：利用多种形式表现歌曲《嘎达梅林》。
2. 美工区：结合音乐《嘎达梅林》将自己想象的画面和意境画下来。

活动反思：

本次律动活动设计符合本班幼儿年龄特点，活动开始由蒙古族音乐律动进行导入，幼儿兴趣高。首先，在欣赏音乐过程中，幼儿能大胆想象与表达自己的想法，但教师没有注意总结和概括该音乐特点与拍点，以至于在幼儿做律动时，出现节拍上动作不协调，不能按照音乐的拍子进行律动。其次，教师在幼儿分组创编的过程中，引导性语言过多，没有给幼儿充分的思考和讨论时间；应该用图谱、材料代替教师的语言，将其纳入经验准备中，进行梳理，给予幼儿充分的经验准备，幼儿才能将原有经验和新经验进行融合，创编得更好。

第二节　民族歌唱教育活动

活动一：小班歌唱《娃哈哈》（维吾尔族）

活动设计：梁淇雅

设计思路：

歌曲《娃哈哈》是一首维吾尔族民歌，它以幼儿的语言和富有维吾尔族特色的节奏，为我们描绘了祖国的美丽河山与人民的幸福生活。歌曲词义简单，节奏明快，深受幼儿喜爱，简单的旋律也会让幼儿易学。

活动目标：

1. 初步学唱歌曲，借助图片理解歌词内容。
2. 熟悉歌曲旋律，能用自然的声音演唱歌曲。
3. 感受维吾尔族歌曲的风格特点，体验集体演唱的乐趣。

活动准备：

物质准备：音乐《娃哈哈》歌词第一段、新疆风光视频。

经验准备：幼儿听过歌曲第一段。

活动重点：

初步学唱歌曲，借助图片理解歌词内容。

活动难点：

熟悉歌曲旋律，能用自然的声音演唱歌曲。

活动过程：

1. 导入：视频导入，引发幼儿兴趣

师：小朋友们，今天老师要带你们去一个神秘的地方，那里有好吃的葡萄、美丽的风景和爱笑的小朋友们。让我们看看那是个什么地方？（教师播放视频）这里就是新疆。

2. 熟悉歌词并清唱，感受歌曲的节奏和旋律

教师播放歌曲《娃哈哈》。

师：维吾尔族还有一首好听的歌曲，让我们一起来听一听吧。

师：这首歌曲的名字叫《娃哈哈》，你在歌曲里听到了什么？

师：小朋友们来跟我看看歌词，这些都是我们祖国的美丽风景。这些美丽的景色像不像花园里的花一样美丽？我们的祖国像不像一个大花园？所有小朋友来跟我念一下歌词。

师：让我们接着往下看，太阳公公出来了，照着小朋友们真暖和呀，他们都开

心起来了，让我们继续来念歌词。

师：我们开心的时候或者平时照相的时候是不是会用哈哈哈来表示？有的小朋友唱这首歌的时候会用娃哈哈来表示开心，那让我们念下一句歌词。

师：那现在让我们从头到尾把歌词完整地念一遍，然后请小朋友跟我清唱一遍吧。

3. 学习用自然的声音演唱歌曲

教师弹奏钢琴，带领幼儿分句跟唱歌曲。

师：下面请小朋友跟随我一句一句地唱这首歌。

师：现在小朋友再完整地唱一遍。这次我速度要稍微变快一点点，看哪位小朋友唱得最好。

4. 进一步熟悉歌曲，用舞蹈动作表现歌曲

师：播放到第一句歌词时小朋友像老师一样把双手放一起，变成花朵；第二句歌词时，把双手搭在一起画圆圈；第三句，双手举过头顶，变成太阳；第四句，伸出一个小手指，露出微笑的表情。让我们跟着歌曲跳起来吧！

5. 活动结束

师：好了，今天我们学的这首歌叫《娃哈哈》，还没有唱够的小朋友可以之后去表演区接着表演，今天回家后也可以给爸爸妈妈唱这首歌。

活动延伸：

1. 家园共育：家长与幼儿利用对唱等多种形式表演歌曲第一段。
2. 区角活动：熟悉歌曲第二段，编排维吾尔族舞蹈动作。

活动反思：

通过本次教育活动，首先从目标来说，将目标 3 "用轻快跳跃的情感演唱歌曲"改为"感受维吾尔族歌曲的风格特点"。原目标更像是技能目标，改后目标是情感目标。其次，将活动内容中教师说的话进行删减，使其变得更加精练。在演唱环节结合小班幼儿爱动的特点，采用边听儿歌、边用舞蹈动作的方式来表现歌曲。最后在活动延伸环节结合家园共育和区角活动，让幼儿更深入地理解歌曲。

活动二：小班歌表演《小毛驴》（维吾尔族）

活动设计：王　琰

设计思路：

《小毛驴》是一首传唱广泛，又具有维吾尔族风味的经典儿歌，它伴随了很多儿童成长。这首歌曲旋律轻快，节奏鲜明，富有节奏感，且歌词诙谐有趣，具有很强的感染力，因此受到本班幼儿的欢迎与喜爱。所以我选取了歌唱活动《小毛驴》，引导幼儿看图片学唱歌曲，并愿意大胆表达自己的想法，理解歌词内容及表达的情感。通过整体欣赏音乐、图片和动作，帮助幼儿理解《小毛驴》的歌词内容。引导幼儿在操作的过程中愉快、主动地学习歌曲，并从歌曲中感受到民族音乐活动带来的快乐。

活动目标：

1 欣赏、感受儿歌《小毛驴》2/4 拍的欢快旋律。

2. 学唱儿歌《小毛驴》，并能尝试用动作进行表演。

3. 乐意参加民族音乐活动，体验民族音乐活动中带来的快乐。

活动准备：

1. 物质准备：PPT、音频、图片、图谱、故事片段。

2. 幼儿的经验准备：（1）认识小毛驴；（2）了解维吾尔族的服装、头饰等。

活动重点：

根据图片的提示，学唱儿歌《小毛驴》。

活动难点：

能尝试用动作表演儿歌《小毛驴》。

活动过程：

1. 播放故事片段《聪明的阿凡提》，导入活动

师：今天啊，王老师给小朋友们带来了一个有趣的故事，请小朋友仔细地看一看、听一听。

师：故事中的主人公是谁啊？（阿凡提）故事里除了阿凡提，还有他的好朋友是谁啊？（小毛驴）他们的家在哪里？（新疆）……

师：你是从哪里知道的呢？（故事片头的介绍、头饰、服装等）

（设计思路：引导幼儿体验片中阿凡提对小毛驴的深厚情感，了解维吾尔族人们的穿着、风俗习惯。）

2. 欣赏并感受歌曲

师：你们听！这是谁的声音。（驴）

（设计思路：播放音频，让幼儿猜一猜。）

师：原来是阿凡提骑着他的小毛驴来了，我们跟他们打个招呼吧！今天阿凡提还带来了一首特别好听的儿歌《小毛驴》，让我们来一起听听吧。

师：听完这首儿歌，你有什么感受？（幼儿自由发言）你从这首好听的儿歌里，都听到了什么？（小毛驴、去赶集、皮鞭、摔了一身泥……）

（设计思路：欣赏、感受儿歌欢快的旋律，老师提前用动作提示，幼儿可跟随音乐做动作。）

3. 学唱儿歌《小毛驴》

师：那你们想不想学会这首好听的儿歌呢？（想）那就快来跟我一起学学吧。

（设计思路：播放图片，教师清唱，帮助幼儿记忆歌词，完成重点。）

师：哇，我刚刚看到小朋友们跟着我一起跳起来了，你们跳得真好看呀，那咱们都用到了哪些动作呢？（幼儿自由发言）

4. 播放儿歌，进行展示

师：那好，这一次我们跟着音乐，一起来跳一跳吧。

（设计思路：播放音乐，幼儿根据图片提示和教师动作简单直观地进行模仿，边唱边跳，完成难点。）

5. 小结

师：小朋友们，阿凡提说："既然你们都学会了这首儿歌，那我再考一考你们，看看你们是不是跟阿凡提一样聪明？"刚刚我们唱的这首儿歌，是哪个民族的呢？（维吾尔族）

（设计思路：教师提问，帮助幼儿巩固对民族音乐的了解。）

活动延伸：

师：小朋友们，我们可以把今天学会的这首儿歌，带回家唱给家里人听，好不好？

师：时间不早了，阿凡提要骑着小毛驴回家了。那我们唱了太久的歌曲，喉咙发干，也该喝口水啦。

（教师在表演区中提供音乐和相关的道具，鼓励幼儿跟随音乐自由表演《小毛驴》。）

教学反思：

这节音乐活动《小毛驴》中，幼儿的学习兴趣极高，通过观看故事片段、学习歌曲、学习表演，孩子被诙谐、幽默的曲调和欢快活泼的音乐所深深吸引，尤其是儿歌表演中伴有摔跤的动作，幼儿表现欲望很强烈。同时他们都能积极参与到民族音乐活动中，并用边唱边跳的形式，记住了这首儿歌《小毛驴》。只是在教学过程中，我提供的图谱有些过于抽象，后面我将会用简单的图片代替图谱，使幼儿能更清晰、直观地学习。

活动三：中班歌曲表演活动《猴子捞月亮》（汉族）

活动设计：邵玉鹏

设计思路：

《猴子捞月亮》是一个家喻户晓的传统故事。以此改编的歌曲，旋律欢快，歌词富有童趣，十分符合中班幼儿的审美特点。通过这首歌曲，幼儿可以感受到猴子捞月亮的有趣场景，同时也可以在音乐中体验到快乐与惊喜。在设计本次教育活动时，结合中班幼儿的年龄特点和兴趣爱好，以故事引入、自主学唱、角色扮演和集体表演等多个环节，让幼儿在轻松愉快的氛围中感受传统故事及歌曲的魅力，激发幼儿对音乐的兴趣，培养他们的音乐感受力和表现力。同时，也注重幼儿的自主学习和体验，让他们在探索中发现问题、解决问题，从而培养他们的自主学习能力和创新思维。

活动目标：

1. 通过自主探索和体验，学会歌曲《猴子捞月亮》的旋律和歌词。
2. 在活动中发展幼儿的观察力、模仿能力和音乐感受力。
3. 通过角色扮演和集体表演，增强幼儿的合作意识和表现欲。

活动准备：

《猴子捞月亮》歌曲音频。

猴子、井口、月亮等图片或道具。

在音乐活动区角放置简单的打击乐器。

活动过程：

1. 故事引入，激发兴趣

讲述《猴子捞月亮》的故事，鼓励幼儿表达自己的看法。

师提问："你们觉得猴子们为什么捞不到月亮呢？"

2. 自主学唱，探索旋律

播放歌曲《猴子捞月亮》，让幼儿自由感受音乐的旋律和节奏。

师：你们听到歌曲里是怎么唱的？这个旋律和节奏听起来有什么感觉？你们觉得和哪首歌曲比较相似呢？

提供图片或道具，引导幼儿根据歌词内容，跟随歌曲，自主探索猴子的动作和表情。

教师适时指导，帮助幼儿理解歌词中的难点和发音。

3. 角色扮演，加深理解

将幼儿分成小组，每个小组选择一名幼儿扮演猴子，其他幼儿扮演观众。

扮演猴子的幼儿根据歌曲内容，自主设计动作和表情，进行角色扮演。

扮演观众的幼儿观看表演，并给出反馈和建议，促进表演的完善。

4. 集体表演，分享快乐

幼儿围成一圈，共同演唱《猴子捞月亮》。

在演唱过程中，鼓励幼儿加入自己设计的动作和表情，使表演更加生动有趣。

（鼓励能力强的幼儿把熟悉的故事创编为歌曲。）

表演结束后，邀请幼儿分享自己的表演感受，教师给予肯定和鼓励。

5. 活动延伸，拓展思维

在音乐活动区角，提供《猴子捞月亮》的歌曲音频和相关道具，供幼儿自主探索和表演。

鼓励幼儿在家中与家人一起分享自己的表演，增进亲子互动。

活动反思：

在本次活动中，教师在注重观察幼儿的表现和反应的基础上，及时给予指导和支持。同时，关注幼儿的自主学习过程，鼓励幼儿大胆尝试和表达自己的想法。通过本次活动，不仅培养了幼儿的音乐感受力和表现力，还提高了幼儿的观察力和模仿能力。

活动四：中班戏曲活动《清早起来什么镜子照》（汉族）

活动设计：邵玉鹏

设计思路：

京剧作为中国传统文化的瑰宝，具有深厚的文化底蕴和艺术价值，应该被更多的幼儿了解和传承。《卖水》是京剧传统剧目《花田错》中的一折。其中，"清早起来什么镜子照"是该剧中的一段著名唱词，旋律优美，节奏明快，内容生动，适合幼儿学唱。设计本活动，让幼儿通过学唱名唱段，初步接触和了解京剧这一艺术形式，感受京剧的魅力，培养幼儿对传统文化的兴趣和热爱，培养他们的文化自信和民族自豪感。考虑到幼儿的年龄特点，采用情境设置和互动游戏的方式，让幼儿在轻松愉快的氛围中学习唱段。

活动目标：

1. 通过有趣的情境和情节，让幼儿初步了解京剧艺术，并学会唱京剧名唱段"清早起来什么镜子照"。

2. 激发幼儿对京剧的兴趣和表演欲望，培养幼儿的歌唱能力。提升其音乐感受力。

3. 在活动中促进幼儿间的互动与合作，增强集体意识。

活动准备：

京剧《卖水》名唱段的音乐和视频资料。

京剧脸谱、服饰、道具等图片或实物。

场景布置材料，如布帘、桌椅、镜子等。

唱词的相关图片。

活动过程：

1. 导入 —— 情境设置（场景模拟古代小姐的闺房，摆放镜子、梳妆台等物品）

播放京剧片段，吸引幼儿注意力。

师：你听到了什么？和你们平时听到的歌曲有什么不一样？

教师扮演小姐的丫鬟，向幼儿介绍：今天小姐要起床梳妆，我们一起来帮忙吧！

2. 学唱 —— 融入情境

教师扮演小姐，边做梳妆动作边示范唱"清早起来什么镜子照"，引导幼儿注意观察和倾听。

师：你听到了什么歌词？对应的是哪张图片呢？

出示唱词的图片，帮助幼儿理解唱词内容。

邀请幼儿扮演丫鬟，与小姐一起梳妆，并跟唱，幼儿逐句学唱。

3. 游戏——互动学唱

"照镜子"游戏：教师邀请幼儿轮流扮演小姐和丫鬟，通过照镜子的动作和表情，帮助幼儿记忆唱词。

"接龙"游戏：教师先唱一句，然后邀请幼儿接下一句，逐渐增加难度，让幼儿在游戏中掌握唱段。

4. 表演——展示成果

教师邀请幼儿分组进行表演，每组选择一个代表扮演小姐，其他幼儿扮演丫鬟，共同表演梳妆和唱段的场景。

其余幼儿观看表演，并鼓掌鼓励。

5. 总结——分享感受

与幼儿一起回顾小结学到的京剧知识和唱段。

请幼儿分享自己在活动中的感受和收获，鼓励幼儿表达对京剧的喜爱之情。

活动反思：

本次戏曲风格的歌唱活动以京剧《卖水》名唱段"清早起来什么镜子照"为主线，通过情境设置和互动游戏的方式，让幼儿在轻松愉快的氛围中学会了唱段，并初步了解了京剧艺术。整个活动过程中，幼儿们的参与积极性很高，他们在游戏中学会了唱词，也体验到了京剧表演的乐趣。

《卖水》（京剧·经典选段）中的"表花"唱段如下：

清早起来什么镜子照，

梳一个油头什么花儿香，

脸上擦的是什么花儿粉？

口点的胭脂是什么花儿红？

清早起来菱花镜子照，

梳一个油头桂花儿香，

脸上擦的桃花儿粉，

口点的胭脂杏花儿红。

什么花儿姐？

什么花儿郎？

什么花的帐子？

什么花的床？

什么花的枕头床上放？

什么花的褥子铺满床？

红花儿姐，

绿花儿郎，

干枝梅的帐子，

象牙花的床，

鸳鸯花的枕头床上放，

苜蓿花的褥子，

铺……满……床……

活动五：大班吟诵歌唱《敕勒歌》（蒙古族）

活动设计：马广然

设计思路：

根据《幼儿园教育指导纲要（试行）》中艺术领域的目标，指出"在支持、鼓励幼儿积极参加各种艺术活动并大胆表现的同时，帮助幼儿提高表现的技能和能力"。《敕勒歌》这首古诗的诗句浅显易懂，旋律柔美朗朗上口，是一首富有情趣的古诗配乐，因此我选择了这首古诗相关的音乐。基于大班幼儿的年龄特点，本次音乐活动我将以分组的形式进行，在活动开展前了解到幼儿对《敕勒歌》已经具备一定的认知，结合《敕勒歌》的音乐，尝试让幼儿能够有节奏地跟随音乐进行吟诵和歌唱。

活动目标：

1.了解诗歌内容，欣赏北国草原风光。

2.尝试用正确的平仄音进行诗歌的吟诵与歌唱。

3.体验古诗的意境，感受音乐柔美的风格。

活动重点：

了解草原风情，能够进行吟诵诗歌。

活动难点：

能够有节奏地进行诗歌的吟诵并能够歌唱。

活动准备：

物质准备：《敕勒歌》音乐、PPT。

经验准备：对于《敕勒歌》有一定的了解并能够朗诵。

活动过程：

1.导入：通过图片导入，引发兴趣

教师出示 PPT 中草原的图片。教师播放音乐和小朋友一起聆听、欣赏歌曲，同时随音乐晃动身体。小朋友边看图片，边欣赏音乐。

教师小结：这是北国的草原，草原的风景很美，而且在草原上还有遍地的牛和羊！

2.感受歌曲的节奏，熟悉并掌握歌词

（1）介绍《敕勒歌》。

师："蒙古族的音乐真好听，老师今天还带来了一首古诗，你们猜是什么？""这首诗还能用吟唱的方式唱出来，请你们听一听。"

（2）播放《敕勒歌》音频，教师随着音频为幼儿做示范。

3.观察 PPT 内容，初步吟诵诗歌

（1）观察第一幅图片。

教师总结：敕勒川就是一个有着蓝天、白云、绿草的大平原。

（2）观察第二幅图片。

教师总结：这座大山就是阴山，我们再来看看阴山下面有什么？阴山下就是茫茫的大草原了。

（3）观察第三幅、第四幅图片。

教师总结：这就是蒙古包，草原上的人们住的房子，咱们头顶的蓝天就好像一个大大的蒙古包。

（4）观察第五幅图片。

教师总结：大草原上有蓝蓝的天，绿绿的草地一眼望不到边。

（5）观察第六幅、第七幅图片。

教师总结：一阵风吹来了，草儿像波浪一样，小草低下去了我们看到遍地的牛、羊。

通过引导幼儿观察 PPT 图片，帮助幼儿回顾每句诗歌的含义，加深幼儿对诗歌的理解。

4. 学习平仄音，尝试有节奏吟诵歌曲

（1）出示平仄音的图片，带领幼儿进行有节奏地吟诵。

师："小朋友们观察一下，看看有哪几种小箭头，它们分别向哪里指呢？""让我们一起来比一比吧。"

（2）与幼儿一同标记音调不同的地方，以便幼儿理解平仄音的变化。

（3）幼儿分小组进行练习并展示。

5. 播放歌曲，幼儿尝试跟随音乐进行歌唱

教师小结：小朋友都朗诵得非常棒，我们一起跟随音乐把这首好听的古诗吟唱出来吧！

6. 总结，经验梳理

教师总结：我们今天学了一首音乐与古诗吟唱的歌曲，你还记得叫什么名字吗？回家以后和爸爸妈妈一起有节奏地吟唱这首歌吧！

活动延伸：

结合表演区进行歌唱表演。

结合美工区为古诗配画，画出自己心中的草原。

教学反思：

本次活动根据幼儿发展水平的差异性，我将幼儿分为两组进行教学，能力较弱的幼儿，我用了更多时间去让幼儿理解古诗大意和吟诵古诗，并在分组中带领幼儿一同练习。能力较强的幼儿重点在于后半部分的吟诵和歌唱。引导幼儿跟随音乐进行歌唱，自主练习。两组幼儿表现得都非常好，具有很好的表现力，均达到了本次活动的目标，在下次活动中我可以多给幼儿表现的机会，引导幼儿在活动中多多展示自我。

活动六：大班歌唱《其多列》（哈尼族）

活动设计：隗利洋

设计思路：

《其多列》是云南哈尼族的著名民歌，通过"拣竹叶""砍竹筒"等词语，表现了哈尼族儿童热爱生活、热爱劳动的活泼性格。歌曲短小精练、形式鲜明，曲风轻快活泼，节奏变化不大，简单上口，便于演唱。幼儿平时喜欢活泼、轻快的作品风格，此作品适合大班幼儿，因此设计了这节活动。

活动目标：

1. 认知：熟悉歌曲，掌握歌词和歌曲节奏，了解歌曲中哈尼族人的日常生活景象。
2. 能力：学唱歌曲《其多列》，能够用自然的声音完整演唱歌曲。
3. 情感：用歌声和动作来表现歌曲中欢快活泼的情绪，感受哈尼族人日常生活的轻松氛围。

活动重点：

学唱歌曲《其多列》。

活动难点：

记忆歌词，学唱歌词。

活动准备：

经验准备：幼儿熟悉慢速版《其多列》旋律。

物质准备：快速版歌曲《其多列》伴奏、快速版歌曲《其多列》、慢速版歌曲《其多列》、图谱PPT、打印好的分段图谱、笔、蓝椅子3把。

活动过程：

1.随《其多列》伴奏入场

（1）发声练习。（师生问好）

（2）故事引入。

师：（讲述故事）还可以将这个故事唱成一首歌呢。请小朋友们听一听。

教师清唱一遍歌曲。

2.通过拍手感受、欣赏歌曲

（1）幼儿跟老师边拍手边听歌曲。

师：好，下面我们再听一遍，边拍手边听。

（2）播放歌曲《其多列》。

师：歌曲中的"其多列"是哈尼语，是快快来的意思。

3.学唱歌曲

（1）学唱第一段。

师：下面让我们边拍手边读歌词的第一段。

教师用图谱提示：让幼儿理解歌词。学唱歌曲第一段。

（2）学唱第二段。

师：请大家跟着老师模仿着唱第二段。

（3）学唱第三段。

师：接下来唱一唱第三段歌词。

（4）唱整首歌。

师：小朋友们来幼儿园路上是什么心情啊？（愉快）那我们唱歌时也要带着愉

快的心情，歌声才优美动听。我们把整首歌连在一起唱一遍吧。

（5）分组演唱歌曲。

①幼儿唱"其多列"，教师唱剩下的部分，然后更换顺序。

②男生唱"其多列"，女生唱剩下的部分，然后更换顺序。

③幼儿自由组合成均匀人数，分组演唱。

分组演唱后，进行小组评价。

4. 结合身体动作，创编动作，演唱歌词

师：除了用愉快的歌声来表达歌曲欢快的情绪，还可以用身体动作来表达。"其多列"是快快来的意思，可以用什么动作表示呢？（幼儿回答）下面请小朋友们分三组来创编动作。每组创编一段歌词的动作，分组进行讨论。将创编的动作用笔记录下来，可以是点、线、画等不同符号。（分发打印好的图谱，笔。）教师分组指导。

师：那我们加上肢体动作再唱一遍。

5. 结束部分

师：小朋友们，今天我们一起走进哈尼族小朋友生活的乐园，感受到哈尼族小朋友的快乐，活动后小朋友们还可以继续创编动作，进行分享。

活动延伸：

1. 家园共育：家长与幼儿利用身体动作等多种形式表演歌曲。

2. 表演区：熟悉歌曲内容，自制图谱创编动作进行表演。

活动反思：

本节活动目标基本达成。活动的重点是学唱歌曲《其多列》，结合歌曲创编动作。通过引导幼儿提前熟悉慢速歌曲《其多列》的旋律，把重点放在了学唱歌曲上。难点是记忆歌词，学唱歌词。充分了解了幼儿的前期经验，在词的记忆上有难度，调整了歌曲，选择了慢速版歌曲《其多列》。用图谱的方式帮助幼儿理解和记忆歌词，学唱歌词，突破了本节活动的难点。幼儿创编动作时，提供了打印好的图谱、笔，引导幼儿分组讨论，设计动作图谱，体现了幼儿自主活动。

第三节 打击乐器演奏活动

活动一：小班打击乐《牧童之歌》（哈萨克族）

活动设计：梁淇雅

设计思路：

《牧童之歌》是一首哈萨克族 2/4 拍的儿童歌曲，表现了牧童在天山脚下辽阔大草原放牧时的喜悦心情。歌曲简短精练，具有很强的节奏感，旋律欢快、活泼，适合小班幼儿感知音乐的节奏，歌曲也表达出牧童放牧时的愉悦之情。

活动目标：

1. 熟悉歌曲，感受歌曲 2/4 拍的强弱规律。
2. 尝试用身体和打击乐器为歌曲伴奏。
3. 感受哈萨克族儿歌的音乐风格和音乐活动的快乐。

活动重点：

尝试用身体和打击乐器表现出 2/4 拍的强弱。

活动难点：

熟悉歌曲，感受 2/4 拍的强弱规律。

活动准备：

物质准备：《牧童之歌》歌曲、沙锤、手铃、哈萨克族服饰。
经验准备：幼儿初步熟悉歌曲旋律。

活动过程：

1. 角色扮演导入

教师穿着哈萨克族的民族服饰出场。

师：小朋友们，看我今天漂不漂亮，我是一位来自哈萨克族的老师，我今天穿的是哈萨克族的衣服。

师：小朋友们知道吗？在新疆，除了有这么好看的服饰，还有一个美丽的地方，那就是天山牧区，景色可美啦。

2. 熟悉歌曲，尝试用身体动作表现 2/4 拍的强弱规律

师：那里还住着一位小牧童，你们看！小牧童还为我们带来了一首哈萨克族的民歌《牧童之歌》，让我们一起来听一听吧。

师：小朋友听完这首欢快的音乐心情是怎么样的？

师：我听完这首歌感到很开心，都想用身体来为这首歌打节奏呢，那现在我先来念一下这首歌的歌词，小朋友和我一起做身体动作，为这首歌打节奏吧。

（教师念歌词按节奏做拍手和拍腿的动作）

师：小朋友们想一想，除了做像我这样轻轻拍腿的动作以外，还可以做哪些动作？

3. 情境过渡，尝试用乐器演奏歌曲

师：我们的身体可以敲出节奏，我们的小乐器也会打节奏呢，刚才的那位哈萨克族的老师来为我们小朋友送小礼物（手铃、沙锤）啦，让我们和这位来自哈萨克族的老师一起唱起歌吧。

4. 合作演奏

师：现在请所有小朋友拿起你手中的小乐器来跟我一起演奏这首歌。

师：我们先请男孩子来为这首歌打节奏，然后再请女孩子演奏。最后请所有小朋友来为这首歌打节奏。

5. 活动小结

师：小朋友现在可以把乐器放在自己的小椅子上，现在让我们扬起鞭，做一次小牧童，跟着音乐和这位哈萨克族老师跳起舞。

活动延伸：

1. 家园共育：家长与幼儿在家用乐器表演歌曲。
2. 表演区：演唱歌曲，编排舞蹈特点动作。

教学反思：

这首歌曲可以让幼儿感受到哈萨克族儿歌的音乐节奏和音乐活动的快乐，并能尝试用身体和打击乐器为歌曲伴奏。通过歌曲感受到他们对草原的热爱，以及对美好生活的向往。幼儿参与度很高，重难点完成得也很好，大部分幼儿都能尝试用身体和打击乐器表现出 2/4 拍的强弱规律。因为是小班的教学活动，老师坐在椅子上用乐器打节奏时的动作可以更夸张一些，这样更能调动幼儿情绪。

活动二：小班打击乐《娃哈哈》（维吾尔族）

活动设计：梁淇雅

设计思路：

在学唱歌曲《娃哈哈》之后，幼儿对这首歌非常感兴趣，于是设计了《娃哈哈》第二课时。通过这节活动，引导幼儿感受歌曲的节奏，拍打身体表现节奏，使幼儿亲身体验、主动参与到音乐活动中去。通过多种形式的节奏练习，让幼儿用身体动作和小乐器演奏的方式表现 2/4 拍的稳定拍（强拍），体验集体参与音乐打击活动的乐趣。

活动目标：

1. 感受 2/4 拍的稳定拍（强拍）。
2. 尝试用身体和打击乐器为歌曲打节奏。
3. 感受节奏美，体验集体参与音乐打击活动的乐趣。

活动重点：

感受 2/4 拍的稳定拍（强拍）。

活动难点：

尝试用身体和打击乐器为歌曲打节奏。

活动准备：

物质准备：铃鼓、歌曲《娃哈哈》。

经验准备：熟悉歌曲《娃哈哈》、熟悉乐器。

活动过程：

1. 播放音乐，熟悉歌曲

师：我们上次学习了维吾尔族的歌曲《娃哈哈》，让我们再听一遍歌曲，熟悉一下歌曲。

2. 念歌词，用身体初步感知音乐节奏

师：听完歌曲，想不想用我们的身体来为这首歌打节奏呢？

教师带领幼儿学习一拍一下拍手练习。

师：小朋友们，我们除了拍手，想一想还可以拍我们身体的哪些部位发出声音来打节奏呢？

师：让我们念一下这首歌的歌词，来拍手打节奏，然后再跟着音乐试一试。

3. 提供乐器，尝试用乐器表现歌曲的稳定拍（强拍）

师：小朋友除了用身体打节奏外，还可以用我们的小乐器来打节奏，现在拿出我们的小铃鼓来拍一拍吧。

教师带领幼儿熟悉一拍一下拍鼓练习。

4. 幼儿跟随音乐进行演奏

师：现在请所有小朋友一起用乐器为这首歌打节奏。

教师先念歌词拍鼓，之后再跟音乐，最后带领幼儿站起来拍。

5. 活动结束

师：现在让我们拿着小乐器，跟着音乐跳起舞吧。

活动延伸：

1. 家园共育：家长与幼儿在家选择不同的动作按节奏进行律动游戏。
2. 区角活动：在表演区中可以使用其他不同的乐器进行演奏。

活动反思：

整体活动顺利，目标符合小班年龄特点，目标重难点基本完成，幼儿兴趣高涨，参与度很高。通过本次活动，我觉得音乐速度应该再慢一些，适合幼儿打节奏的速度。在活动中体现的重难点环节可以适当地进行小结。最后在打节奏环节我可以站起来，站到幼儿前面进行敲击，这样更能吸引幼儿注意。

活动三：中班打击乐《赏月舞》（高山族）

活动设计：马雨梦

设计思路：

《赏月舞》是高山族人民在丰收时节月色下共同跳的舞蹈，音乐为 2/4 拍，节奏欢快、节奏感强，分 A、B 段，长音较多。幼儿之前通过律动活动对《赏月舞》乐拍特点有了基本的了解。我班幼儿能结合声势、打击乐的方式来感受歌曲的节奏，体验用铃鼓、沙槌这两种乐器来合拍打节奏，感受高山族歌曲的风格。

活动目标：

1. 了解 2/4 拍强弱的节奏特点，初步了解乐曲 A、B 段的对比。
2. 掌握用声势和打击乐来准确合拍地表现歌曲。
3. 掌握高山族歌曲的风格特点，体验集体参与音乐打击活动的乐趣。

活动重点：

掌握用声势和打击乐来准确合拍地表现歌曲。

活动难点：

掌握 B 段弱起的强拍。

活动准备：

物质准备：铃鼓、沙锤、歌曲《赏月舞》。

经验准备：熟悉歌曲《赏月舞》，熟悉乐器。

活动过程：

1. 播放音乐，跟随音乐进行律动活动，激发兴趣

师：我们都知道《赏月舞》是高山族人民在丰收的时刻，美丽的月色下跳的舞，让我们一起跟着音乐跳起来吧。

2. 感受节奏、节拍，尝试用身体为歌曲打节奏

（1）拍手游戏：用拍手表现 2/4 拍强弱的节奏特点。

师：那我们尝试用拍手来表现它，先跟着教师进行拍手游戏。在 B 段弱起感受强拍。

（2）用身体其他部分表现 2/4 拍强弱的节奏特点。

师：请你们想一想，除了拍手，还可以用哪些其他部位发出声音来打节奏？

幼：踩脚、拍肩、拍头、拍腿、拍胳膊……

3. 表现与表达，出示铃鼓、沙锤，播放音乐，尝试用乐器为歌曲合拍打节奏

（1）播放音乐，用铃鼓为歌曲打节奏。

师：小朋友除了用身体打节奏外，还可以用我们的小乐器来打节奏，那现在我为小朋友们准备了铃鼓、沙锤，我们先拿铃鼓为歌曲打节奏。

师：想一想铃鼓可以怎样发出声音？

幼：拍鼓面、晃动手腕、敲身体。

（2）播放音乐，用沙锤为歌曲打节奏。

师：请小朋友们放回铃鼓，拿起沙锤，想想用沙锤可以怎样为歌曲打节奏？

幼：晃动手腕。

（3）播放音乐，分组，教师带领幼儿用铃鼓和沙锤为歌曲打节奏。

师：现在请所有小朋友选择自己喜欢的乐器为这首歌打节奏。教师带着幼儿分组进行演练。多练习 B 段的强拍。

4. 创编与创造，再次播放音乐，幼儿自由分组，分 A、B 乐段进行合奏

师：我们仔细听一遍音乐，跟随老师一起用你们手中的乐器开始表演吧！幼儿起立，自由分组，A 段铃鼓演奏，B 段沙锤演奏，A、B 段用问答的方式进行合奏。请幼儿进行分享。

5. 教师总结，经验梳理

师：你们表演得太棒了，能用不同的乐器为歌曲打节奏，我们表演区还有更多的乐器，接下来的区域活动中让我们尝试用不同的乐器来表现吧！

活动延伸：

表演区：可以使用其他不同的乐器进行演奏。

教学反思：

基本达到了教学目标，幼儿的参与性较高，对于 B 段强拍的掌握不够清楚，个别幼儿掌握不好节奏，应该多指导个别幼儿。对于难点的突破还需要多进行强调，幼儿分组时多进行指导。在幼儿对于难点掌握不好时，应该带着幼儿找准节奏的强拍。

活动四：中班打击乐《小白船》（朝鲜族）

活动设计：崔华北

第一课时：演奏乐曲

设计思路：

《小白船》是一首优美、舒缓、有韵味的朝鲜族歌曲。为了培养幼儿对音乐的感受力和表现力，引导幼儿掌握 3/4 拍子强弱弱的节奏特点，尝试根据图谱用声势和乐器正确地演奏乐曲，体验与同伴合作表演的乐趣，我们设计了这节《小白船》活动。

活动目标：

1. 了解 3/4 拍节拍特点，掌握节奏特点。

2. 尝试根据图谱用声势和乐器正确地演奏乐曲。

3. 感知朝鲜族歌曲的节奏特点，喜欢参与打击乐的音乐活动。

活动重点：

了解 3/4 拍节拍特点，掌握节奏强弱规律。

活动难点：

根据图谱用乐器正确地演奏乐曲。

活动准备：

物质准备：朝鲜族大鼓、教师穿的朝鲜族服装、铃鼓若干，纸船一只、纸、笔、背板、音乐。

经验准备：幼儿初步熟悉歌曲旋律。

活动过程：

1. 导入 —— 入场游戏"碰碰碰"

老师敲鼓给出三拍子节奏，请幼儿根据老师给出的节奏形式或跑或慢走，或轻或重走；

介绍教师身穿的服装 —— 朝鲜族服装，带来了好听的朝鲜族歌曲。

2. 猜歌名 —— 引出主题

师：出示小白船，孩子们看，这是什么？

幼儿：纸船……

师：蓝蓝的天上银河里漂来了一只小白船，船上正在唱着好听的歌，我们一起来听一听吧。

3. 欣赏歌曲《小白船》，感受音乐的情境

（1）河面的浪花一会儿高一会儿低（一高两低），小船在河面上一会儿高一会

儿低，老师强调出强弱拍。

师：听了刚才的歌曲，你们觉得小船在银河里是怎么漂的呢？

幼1：我感觉晃晃悠悠的……

幼2：很悠扬……

幼3：特别缓慢，一会儿上一会儿下的……

师：好，你们刚才说的一会儿上就是歌曲的强拍，一会儿下就是弱拍。

（2）再次欣赏歌曲，请引导幼儿画出浪花图谱：三个浪花一小节，一强两弱。

师：接下来让我们一起来听一听每个小节有几个强拍、几个弱拍吧！

师幼共同欣赏歌曲。

幼1：我觉得好像应该是一个上、两个下。

师：不错，每个节拍是三个小浪花，一个强两个弱。

4.尝试看图谱，用声势打节奏

（1）请幼儿说出身体哪些部分可以发出声音，哪些适合放在强拍，哪些适合放在弱拍。并尝试用不同声势表现歌曲。

师：小朋友们，刚才我们分析了歌曲的强弱拍，那用我们的身体怎么表现强弱拍呢？

幼1：可以跺脚，咚咚的，很重。

幼2：可以手举高表示强拍。

幼3：可以轻轻拍肩膀表示弱拍……

（2）请幼儿以分组的形式自己创编动作为歌曲打节奏。

师：刚才小朋友们说了很多动作可以表示强弱拍，接下来请小朋友们自由分组，尝试用创编的动作拍出强弱的节奏吧……

幼儿分组尝试。

（3）尝试看图谱用铃鼓打节奏。共同演奏歌曲，引导幼儿充分感知朝鲜族歌曲特点，了解3/4拍节拍特点，掌握节奏特点。

师：刚才大家都分组进行了创编动作，现在这里有铃鼓，我们可以怎么表现强弱拍？

幼1：可以拍铃鼓表示强拍。

幼2：可以摇一摇表示强拍。

师：那弱拍呢？

幼3：可以轻轻拍。

幼4：可以拍身体（表示弱拍）。

师：大家说得都不错，老师这儿有一些图谱，请大家试一试用铃鼓根据图谱来尝试打节奏吧……

5.结束部分

请幼儿随教师一起用声势形式边表现歌曲边离开教师。

师：叮当——叮当——，呀，时间到了，小白船要开船了，孩子们，你们也快快上船吧。我们要抓紧时间了，来！一个跟着一个上船，跟着音乐一起用自己的动作表现歌曲，去做游戏吧！

活动延伸：

1.结合表演区，利用多种形式表演歌曲《小白船》。

2.结合教育活动，利用多种乐器分工，共同演奏歌曲和创编。

教学反思：

本次活动重点引导幼儿掌握了3/4拍子强弱弱的节奏特点；并且尝试根据图谱用声势和乐器正确地演奏乐曲，用动作表现3/4拍乐曲的特点，使幼儿体验了与同伴合作表演的乐趣。幼儿在充分感受并学唱了歌曲《小白船》的基础上进行节奏表演，兴趣浓厚。整个活动层层递进，较好地完成了教学目标。在幼儿进行演奏的过程中还可以增加幼儿表现的机会，让活动目标达成度更好。

第二课时：打击乐活动

设计思路：

打击乐演奏是幼儿园音乐教学的内容之一，通过打击乐教学能帮助幼儿掌握乐器的演奏技能并发展节奏感。第一次活动孩子们感受并学唱了歌曲《小白船》；第二次活动重点引导幼儿掌握了3/4拍子强弱弱的节奏特点，并且尝试根据图谱用声势和乐器正确地演奏乐曲，用动作表现3/4拍乐曲的特点，体验了与同伴合作表演的乐趣。

打击乐活动不仅可以培养幼儿的节奏感，还可以培养幼儿的控制能力、集体意识及多方面的协调能力。通过各种乐器给音乐配伴奏以使乐曲更动听，同时也能使幼儿通过乐器敲击来表达和表现对音乐的感受与理解。通过本节打击乐活动引导幼儿能根据图谱的提示，进行打击乐活动，正确地演奏乐曲，并且激发幼儿对打击乐活动的兴趣，提高幼儿感受音乐的能力，所以设计了《小白船》第二课时打击乐活动。

活动目标：

1. 熟练掌握 3/4 拍节奏，感知 3/4 拍强弱弱的节奏规律。
2. 根据图谱，能够运用小乐器，随 3/4 拍音乐共同配合演奏打击乐。
3. 激发幼儿对打击乐活动的兴趣，提高幼儿感受音乐的能力，充分感知朝鲜族歌曲的特点。

活动重点：

根据图谱，能够运用小乐器，随 3/4 拍音乐进行打击乐演奏。

活动难点：

根据图谱用乐器正确地共同配合演奏乐曲。

活动准备：

物质准备：图谱、双响筒、沙锤、音乐。

经验准备：幼儿已经熟悉并会唱《小白船》。

活动过程：

1. 导入——听音乐做声势，激发幼儿参与互动的兴趣

入场游戏"声势游戏"，随音乐《小白船》进行声势创造游戏入场。

2. 认识沙锤、双响筒，知道其演奏方法，感受其发出的声音

（1）出示乐器引发幼儿兴趣。

师：小朋友们，今天我们班来了几位乐器朋友，你们想不想知道它们是谁呀？

（2）教师演奏乐器，并介绍乐器演奏方法。

师：小朋友们，现在老师来演奏这些乐器，你们听听它们发出了什么声音？（教师演奏双响筒、沙锤）这是双响筒，左手拿双响筒，右手拿木棒，用棒子敲击双响筒两侧，听到双响筒发出当当的声音）。

幼1：两边都能发出声音。

师：沙锤，手握手柄，上下有节奏摇动。（沙沙、碎）

幼1：就像沙子一样。

幼2：里边好像有石子，哗啦哗啦的……

3. 能根据图谱节奏，有表现力地、准确地共同演奏

（1）经验回顾，看图片尝试做身体节奏游戏。

师：上次活动我们学习了《小白船》，用身体打节奏。还记得吗？今天我们跟着音乐用图谱尝试做身体节奏游戏。

（2）讨论每一种乐器可以怎么给3/4拍强弱弱来击打节奏。

师：刚才小乐器看了也想和我们一起演奏，下面我们一起来讨论一下每一种乐器可以怎么给3/4拍强弱弱来击打节奏。

幼1：双响筒可以敲一下，表示强拍。

幼2：也可以轻轻敲表现弱拍……

（3）分组讨论，合作演奏。

师：接下来，请小朋友们根据乐器进行分组，讨论一种表示强弱拍的动作，大家一起尝试跟着歌曲一起演奏一下。

幼1：我们双响筒一组，沙锤一组。

师：刚才你们都讨论出来用什么动作了吗？哪位小朋友想展示一下？

（4）幼儿展示。

师：接下来，老师要加大难度啦，你们愿不愿意接受挑战？

幼：愿……意……

师：小朋友们，拿起你们手中的小乐器，看着图谱，跟着老师的歌唱，我们一起用手中的小乐器打节奏。有双响筒标记的，就是拿双响筒的小朋友演奏，其他小朋友不演奏；有沙锤标记的，就是拿沙锤的小朋友演奏。我们来试一下。

4. 教师根据幼儿打击乐情况进行总结，引导幼儿再次尝试，能准确地共同演奏

师：刚才小朋友们演奏得都不错，但是有个别小朋友没有认真看图谱，在不是自己图谱的地方也进行了敲击，还有的强弱拍有点混了，怎么办呢？

幼1：我们可以把音乐放慢一点，后面再放快音乐。

幼2：如果不会的可以跟着旁边小朋友。

师：小朋友说得都不错，接下来我把音乐调慢一些，大家再尝试一下吧！

5. 结束活动——给予幼儿充分肯定，激发幼儿对于打击乐活动的兴趣，以及对身边事物的探索

师：老师发现小朋友们都可以成为音乐家了。老师希望在这次活动之后小朋友能在生活中发现和这些乐器相似的声音，演奏更好听的乐曲。

活动延伸：

结合表演区，利用多种形式表演歌曲《小白船》。

结合教育活动，利用多种乐器分工，共同演奏歌曲和创编。

活动反思：

整个活动幼儿参与度高，兴趣浓厚，目标的重难点达成度高。在重难点突破上有意引导幼儿多加感受和体验，自己发现问题，主动学习并寻求解决问题的方法。整个环节层层递进，体现了层次性。针对幼儿本节活动的表现还可以继续延伸下一课时，利用多种乐器引导幼儿共同正确演奏。在整节活动中，教师的语言和问题还是不够简练和精准，需要简化。

活动五：大班打击乐《敕勒歌》（蒙古族）

活动设计：马广然

设计思路：

《敕勒歌》是一首描绘我国北方草原风光的诗歌，从诗歌中能够感受到蒙古族人民的热情。这是《敕勒歌》的第二课时，在第一课时中，本班幼儿能够跟随音乐

唱出《敕勒歌》，同时感受了蒙古族人民热爱家乡、热爱生活的豪情。所以在第二课时，我设计了打击乐的活动，这首音乐是 2/4 拍，可以引导幼儿尝试用轮奏和合奏的方式进行表演。因为在平时的活动中没有让幼儿尝试过这种演奏的方式，因此也增加了一定的难度，所以我设计了五个环节：先引导幼儿用身体打节奏来熟悉感受节奏，再用乐器去尝试轮奏和合奏，一步一步递进，从而增加难度。

活动目标：

1. 感受音乐，掌握 2/4 拍的强弱，并能够跟着节拍做声势。
2. 能够使用木制乐器跟随音乐进行合奏和轮奏。
3. 感受蒙古族的民俗风情和我国北方草原的壮丽风光。

活动重点：

掌握 2/4 拍的节拍类型，跟随音乐进行演奏。

活动难点：

能够跟随音乐节拍尝试使用乐器进行合奏。

活动准备：

物质准备：《敕勒歌》音乐、响棒、双响筒、PPT。
经验准备：能够跟随音乐演唱《敕勒歌》。

活动过程：

1. 导入：诗歌导入，回顾上节课内容
教师出示 PPT，带领幼儿回顾上节课内容。
师："小朋友，你们还记得这首诗歌吗？""我们来一起跟随音乐歌唱吧。"
教师小结：小朋友们非常棒，那么今天我们要增加一些难度，相信你们一定也非常厉害。
2. 感受歌曲的节拍，跟随音乐进行演奏
（1）通过节奏图谱引出 2/4 拍的节拍。

师："小朋友们，你们现在都学会了这首诗歌是如何唱出来的，那我们增加了一些难度，你们可以用身体的某个部分跟随音乐进行演奏吗？""谁能来试一试？"

（2）通过身体接力的方式进行演奏，感受 2/4 拍的强弱。

教师按照 2/4 拍的节拍进行示范。（幼儿自行创编）

①幼儿在表示强时拍手，表示弱时拍旁边小朋友的腿。

②幼儿在表示强时拍手，表示弱时拍旁边小朋友的手。

3. 跟随音乐，一起进行节奏表演

教师小结：小朋友们都了解了 2/4 拍的节拍，那么现在我们一起来跟随音乐表演吧。

4. 在熟悉节拍的基础上，使用乐器分声部为乐曲打节奏

（1）引导幼儿有序领取乐器。

师："小朋友，知道你们手里拿的是什么乐器吗？""对，是响棒和双响筒。听听乐器的声音，你有什么感觉？怎样演奏 2/4 拍的强拍？怎样演奏 2/4 拍的弱拍？"

（2）感受乐器的声音，尝试使用乐器拍打出 2/4 拍的强弱。

5. 播放歌曲，尝试跟随音乐进行轮奏和合奏表演

（1）幼儿分为两组，进行轮奏表演。

教师：我们现在分为两组，一组是响棒，一组是双响筒。每个组的小朋友轮流演奏就叫作轮奏。

（2）幼儿分为两组，进行合奏表演。

教师小结：小朋友的节奏感都非常棒，我们一起跟随音乐一边演唱一边敲击乐器吧！

6. 总结，经验梳理

教师总结：我们今天不仅仅复习了这首《敕勒歌》，而且我们还为这首音乐配上了好听的节奏，希望小朋友们以后在表演区能够用不同的乐器敲击出好听的音乐！

活动延伸：

结合表演区进行节奏乐器的表演。

教学反思：

这次活动能够达到预期的目标，幼儿也掌握了重点的内容。根据幼儿的个体差异，我将幼儿分为两组进行教学，能力较弱的幼儿，在活动中敲击时需要老师的带领和引导才可以有节奏地跟随音乐进行敲击。能力较强的幼儿在活动中，能够自主跟随音乐进行有节奏的敲击。两组幼儿表现得都非常好，具有很好的表现力，均达到了本次活动的目标。在下次活动中，可以引导幼儿使用不同的乐器尝试演奏。

活动六：大班打击乐《冬不拉的传说》（哈萨克族）

活动设计：张汀鹭

设计思路：

此为《冬不拉的传说》音乐的第二课时，第一课时中本班幼儿用哈萨克族舞蹈动作跟随音乐进行了身体律动，对这首音乐有了一定的认识。在第一课时活动后，基于幼儿兴趣，想要用更多样的方式去表现这首音乐，幼儿展现出合作的表现欲望。为体现探索、创造的需要，在第二课时我设计了打击乐的活动，这首音乐虽然是 2/4 拍的，但蕴含着很多种体现哈萨克族音乐的节奏型，由于没有歌词，为幼儿增加了一定的难度，所以我设计了三个环节：首先引导幼儿用身体打节奏来熟悉、感受节奏；再用乐器去尝试演奏；最后尝试表演，一步一步递进。

活动目标：

1. 熟悉音乐，掌握 2/4 拍音乐节奏型。
2. 尝试用身体和打击乐器对音乐进行分组演奏。
3. 感受哈萨克族音乐的节奏和民族风情。

活动重点：

熟悉音乐，掌握 2/4 拍音乐节奏型。

活动难点：

尝试用身体和打击乐器对音乐进行具有创造性的演奏。

活动准备：

物质准备：打击乐器（串铃、手铃、双响筒、木鱼、沙蛋、沙锤）。

经验准备：熟悉音乐《冬不拉的传说》的节奏，对民族音乐有一定的感受能力。

活动过程：

1. 播放音乐，通过身体律动再次熟悉歌曲，感受哈萨克族音乐的节奏

师：小朋友们还记得我们表演过的哈萨克族的音乐《冬不拉的传说》吗？

师：现在请小朋友都站在前面，一起来舞动你们的身躯！

播放音乐，幼儿自由舞动。

2. 播放重点音乐乐句和节奏型，尝试用声势表现节奏

师：感受到这首音乐的节奏了吗？

师：接下来我会出示一段这首音乐中的片段，请小朋友尝试拍出来节奏型。

师：非常棒，小朋友可以随着音乐结合节奏型来拍打尝试！

教师引导幼儿按照节奏型拍打，掌握声势。

3. 幼儿自选乐器，尝试用身体和打击乐器根据音乐节奏进行演奏

师：看来小朋友们都很熟悉这段音乐的节奏了，接下来我准备了沙锤、木鱼、沙蛋等乐器，现在请小朋友自选一种乐器回到你的座位上准备演奏。

播放音乐，幼儿按照节奏敲打乐器。

4. 不同类型的乐器进行分组表演

师：这次又提高了难度，请小朋友按照不同乐器的属性自动分成1、2、3组。

游戏规则：认真听口令，当说到1组的时候，1组就演奏；说到2、3组的时候2、3组就演奏。说到几组，几组就准备演奏。小朋友们听明白了吗？

游戏开始，幼儿演奏。

5. 教师总结，经验梳理

师：你们表演得太棒了，我们表演区还有更多的乐器，接下来的区域活动中让我们尝试用不同的乐器来演奏吧！

活动延伸：

结合表演区（星光小剧场）展示排练舞蹈。

教学反思：

在这节活动中幼儿都很活跃，也很有自己的想法，每名幼儿都参与进来，基本达到了本节活动所设定的目标，但在每个环节小活动中我还需要控制好时间。因为第二环节是重点环节，我在第二环节中时间掌握不明确，幼儿反复地尝试乐器，导致一部分幼儿兴趣减少。活动还可以增加游戏性。

第二章

民族美术教育

民族美术作为中华优秀传统文化的重要组成部分，承载着丰富的历史底蕴和民族情感。在幼儿园阶段开展民族美术教育，不仅有助于幼儿了解和欣赏传统美术的魅力，还能促进其审美能力的提升和民族认同感的增强。

《幼儿园教育指导纲要（试行）》明确指出，幼儿园教育应"充分利用社会资源，引导幼儿实际感受祖国文化的丰富与优秀，感受家乡的变化和发展，激发幼儿爱家乡、爱祖国的情感"。民族美术教育正是实现这一目标的有效途径之一。通过民族美术教育，可以培养幼儿的审美情趣和创造力，同时促进其对民族文化的理解和尊重。

民族美术教育作为一种传承和弘扬民族文化的重要途径，其核心在于通过美术的形式，培养幼儿对民族文化的认知、理解和热爱。它不仅关注美学价值，更强调历史文化价值，承载着中华民族特有的审美观和价值观，肩负着传承历史、传播文化的重要使命。

简而言之，民族美术教育是一种以中华民族美术为载体，针对幼儿进行的审美教育。它通过引导幼儿欣赏和创作民族美术作品，培养他们的民族文化认知和热爱，进一步提升他们的审美情趣和艺术素养，为传承和弘扬中华民族文化打下坚实的基础。

民族美术教育的价值和意义主要体现在以下几个方面。

1. 培养幼儿的民族情怀和文化自信，使幼儿从小形成文化自觉，感受到民族美术的丰富和优美。

2. 提升幼儿的审美情趣和艺术素养，培养幼儿对民族美术的兴趣和爱好。

3. 激发幼儿的创造力和想象力，促进幼儿的全面发展。

4. 传承和弘扬民族文化，为民族美术的传承和发展贡献力量。

本章内容包含三节，分别是民族美术欣赏与绘画、民族手工艺制作、民族服装服饰。每节内容均按照小班、中班、大班三个年龄段进行划分，每个年龄段介绍两个活动案例，以确保教育内容的系统性和层次性。

民族美术欣赏与绘画：通过展示和讲解不同民族的传统美术作品，引导幼儿感知不同民族美术的风格和特点。同时，结合绘画活动，鼓励幼儿用自己的方式表达对民族美术的理解和感受，培养其艺术创造力和想象力。

民族手工艺制作：选取具有代表性的民族手工艺项目，如剪纸、泥塑、刺绣等，引导幼儿通过亲手制作体验民族手工艺的独特魅力。在制作过程中，注重培养幼儿的动手能力和团队协作精神，同时加深其对民族文化的认识和了解。

民族服装服饰：通过展示和介绍各民族的传统服饰，引导幼儿了解不同民族服饰的特点和背后的文化内涵。同时，设计相关的角色扮演和时装秀等活动，让幼儿在亲身体验中感受民族服饰的魅力和多样性。

第一节　民族美术欣赏与绘画

活动一：小班美术欣赏——有趣的年画

活动设计：任宝丽

活动目标：

1.认识和欣赏年画，感受年画明快的色彩和特点。

2.体验年画小印章拓印的乐趣。

活动准备：

1.将各种年画作品布置在活动室里。

2.年画印章和拓印材料。

活动过程：

1.引入年画主题，唤起幼儿已有经验。

师：马上要过新年了，过年的时候家家户户门上都会贴上一幅画，就是年画。你们家里贴年画吗？贴什么样的年画呢？

2.年画欣赏与认识。

请幼儿观察不同类型的年画作品，重点提问："这幅年画上有哪些颜色？有什么图案？"

师：你们看，这里也有许多年画，你们见过这些年画吗？请小朋友们仔细观察，这些年画上有哪些颜色？有什么图案呢？

教师和幼儿依次观察年画，大胆说出自己的观察。

3.用年画印章拓印。

（1）请幼儿选择自己喜欢的年画印章，尝试拓印在彩纸上。

（2）鼓励幼儿充分发挥想象力，为年画添加细节。

4.结束部分。

请幼儿讲述、分享自己拓印的年画。

活动延伸：

1.将年画印章投放在活动区，方便幼儿继续探索拓印。

2.用幼儿拓印好的年画装饰活动室，也可以送给其他班的小朋友。

教学反思：

活动中鼓励幼儿观察年画的颜色和图案，大胆讲述，让幼儿充分感受年画作品的美。

活动二：小班美术欣赏——无锡阿福泥塑

活动设计：邵玉鹏

活动目标：

1.让幼儿初步认识无锡阿福泥塑，了解其外形特点。

2.通过观察和讨论，激发幼儿对泥塑艺术的兴趣。

3.培养幼儿的观察力和语言表达能力。

活动准备：

若干"无锡阿福"泥塑作品

活动过程：

1. 导入

播放轻柔的背景音乐，营造温馨的氛围。

教师向幼儿介绍今天的主角："小朋友们，今天我们要认识一位新朋友，它叫作'无锡阿福'。你们想不想看看它长什么样子呢？"

2. 展示与观察

教师将"无锡阿福"泥塑作品摆放在展示板或桌子上，让幼儿能够近距离观察。

教师引导幼儿观察泥塑的外形特点："你们看，'无锡阿福'是什么颜色的？它的脸是什么样的？它手里拿的是什么东西？"

教师鼓励幼儿用简单的语言表达自己的观察结果。

小结："无锡阿福"是用泥巴做成的小人儿。它看起来胖胖的、笑眯眯的，特别可爱！就像一个大大的汤圆。它有红红的脸蛋、弯弯的眉毛和大大的眼睛，总是笑眯眯的，而且它还抱着一只大大的狮子呢！

3. 讨论与交流

教师提出问题，引导幼儿展开讨论："你们喜欢'无锡阿福'泥塑吗？为什么？你们觉得它看起来怎么样？"

教师鼓励幼儿大胆分享自己的感受和想法。

教师总结幼儿的讨论结果，并简要介绍"无锡阿福"泥塑的文化背景和历史。

无锡是一个特别美丽的地方，那里的人们很聪明，会做出很多漂亮的泥塑。而阿福泥塑就是他们做得最好的一种，所以大家都叫它"无锡阿福"。阿福泥塑不仅好看，还代表着吉祥和幸福。每次过年的时候，人们都会把阿福泥塑拿出来，希望新的一年里大家都能平平安安、快快乐乐的。

4. 互动游戏："模仿'无锡阿福'泥塑"

让幼儿模仿阿福的动作或表情。说一说，模仿的是哪一个阿福？

活动延伸：

1. 在美工区投放彩泥等材料，让幼儿尝试制作简单的泥塑作品，进一步体验泥塑艺术的魅力。

2. 组织幼儿参观当地的泥塑工艺品店或博物馆，让幼儿实地感受泥塑艺术的丰富多样和深厚底蕴。

小知识：

年画是中国传统的民间艺术形式之一，通常在春节期间使用。它们起源于古代的信仰和习俗，用以驱邪迎祥，带来新年的好运和祝福。

年画的内容丰富多样，包括神话传说、历史故事、民间生活场景等。常见的主题有门神、财神、寿星、娃娃戏等，都富含吉祥的寓意。例如，门神年画贴在门上，用以保护家庭免受邪恶的侵害；财神年画则象征着财富和繁荣。

年画通常采用木版水印技术制作，色彩鲜艳，线条简洁。它们在民间广泛流传，不仅是一种装饰品，也是中国传统文化和民间信仰的重要载体。

在现代，年画虽然不如以往那样普遍，但仍然是春节期间不可或缺的文化符号，让人们在新的一年里感受到传统文化的魅力和温馨的节日氛围。

活动三：中班美术活动——传统"福"字装饰

活动设计：吴　蕊

设计思路：

通过亲手绘制和装饰"福"字，让幼儿了解中国传统民俗中的"福"字文化，并通过线描装饰的方式，培养幼儿的审美能力和手眼协调能力，在创作过程中发挥想象力和创造力。

活动目标：

1. 了解"福"字的传统含义，感受其在中国文化中的重要性。
2. 学习使用线描的方式装饰"福"字，掌握基本的线条装饰技巧。
3. 激发幼儿的创造力和想象力，体验创作过程中的乐趣。

活动重点：

了解"福"字的传统含义，学习用线描装饰"福"字。

活动难点：

运用不同的线条组合和图案，创造性地装饰"福"字。

活动准备：

多种形态的空心"福"字模板、彩色水彩笔或马克笔。

活动过程：

1. 了解"福"字的传统文化

（1）教师向幼儿介绍"福"字的起源和寓意，让幼儿了解"福"字在中国文化中的重要地位。

（2）展示多种形态的"福"字图片，让幼儿欣赏并感受其美感。

2. 探索与创作线描"福"字

（1）教师向幼儿展示线描装饰的"福"字作品，引导幼儿观察并发现线条装饰的特点和规律。

（2）鼓励幼儿根据自己的想法和创意，大胆尝试不同的线条组合和图案装饰"福"字。

3. 欣赏作品，分享感受

展示制作好的"福"字作品，幼儿互相欣赏并介绍自己使用了什么样的线条和哪些方法。

师：说一说，你用哪些线条和图案来装饰"福"字的？

活动延伸：

1. 在家中寻找其他可以装饰的"福"字物品（如窗花、红包等），用学到的线描装饰技巧进行创作。

2. 把"福"字送给想要祝福的人，并说一句祝福的话。

小知识:

"福"字在中国汉字中象征着幸福、幸运和福气。在中国文化中,它是一个非常吉祥和受欢迎的字符,尤其在传统节日和庆祝活动中,人们常常将其用于装饰和祝福。

"福"字的形状多样,有简有繁,常见的有印刷体、书法体和剪纸等形式。在春节期间,人们常常在家门上贴上倒置的"福"字,象征着"福气到了"。倒置的"福"字在汉语中与"到了"谐音,因此这种做法不仅是为了装饰,也是为了表达对未来一年好运和幸福的期望。

此外,"福"字还常出现在中国传统的对联、红包、年画等物品上,作为对他人的一种美好祝愿。在书法艺术中,书写"福"字也是一项传统的技艺,许多人在春节期间会书写"福"字送给亲朋好友,以表达对他们未来一年的祝福。

活动四:中班美术欣赏活动——中国刺绣艺术

活动设计:邵玉鹏

活动思路:

有一天,老师穿着带有刺绣的旗袍,引起了幼儿们的好奇。通过欣赏中国刺绣艺术作品,让幼儿感受中国传统手工艺的魅力,并通过简单的手工活动体验刺绣的基本技巧,培养幼儿的审美情趣和动手能力。同时,通过活动让幼儿体验国粹的魅力,增强民族自豪感。

活动目标:

1. 知道刺绣是中国传统手工艺之一,了解刺绣的基本特点和常见图案。

2. 能够通过观察、欣赏,发现刺绣作品的美,并尝试自己动手进行简单的刺绣模仿活动。

3. 培养幼儿对传统艺术的兴趣,增强民族自豪感。

活动准备：

1. 各种中国刺绣作品的图片和实物，包括服装、工艺品、小包、围巾等。
2. 安全针（大孔眼）、彩色毛线、硬纸板（或手绢布等适合刺绣的材质）。
3. 背景音乐：中国风音乐。

活动重难点：

让幼儿了解刺绣的特点，能够自己动手进行简单的刺绣模仿活动。

活动过程：

1. 导入

播放中国风音乐，展示刺绣作品。引导幼儿观察并提问："你们知道这是什么吗？它有什么特点？"

2. 基本环节

（1）观察与讨论。

分组展示不同刺绣作品的图片或实物，包括服装、装饰品等，让幼儿轮流观察并提问："你们发现了刺绣作品上有什么不同的地方吗？"

引导幼儿讨论刺绣的颜色、图案，并鼓励他们说一说自己的看法。

（2）教师讲解示范。

教师简要讲解刺绣的来历和它在传统文化中的作用。

介绍刺绣的基本特点和常见图案，如花卉、动物、人物等，并说明刺绣可以用于服装、装饰等不同领域。

教师现场演示如何使用安全针和彩色毛线在硬纸板上进行简单的刺绣模仿活动。

边示范边讲解步骤和注意事项。例如，如何穿针引线，如何进行简单的缝制等。

（3）幼儿操作。

幼儿用安全针、彩色毛线、硬纸板等材料，自己尝试进行简单的刺绣模仿活动。

3. 结束环节：作品展示与分享

幼儿展示交流自己的刺绣模仿作品。

活动延伸：

在班级美工区域持续投放刺绣相关材料，幼儿可以制作或展示作品。

教学反思：

为幼儿欣赏刺绣作品而准备的图片和实物种类丰富，包括围巾、服装、小包、工艺品等，充分激发幼儿美的感受，以及对刺绣的感性认识。后面的动手操作刺绣模仿活动部分，结合中班幼儿的年龄特点，提供安全的操作材料，确保幼儿的安全。

活动五：大班水墨欣赏——《春如线》

活动设计：吴　蕊

活动目标：

1.欣赏吴冠中作品《春如线》，初步了解画家独特的绘画风格，感受画面中的线条柔美与点的跳跃，并展开大胆想象。

2.大胆运用线条与点进行美术创作，表现想象中春天之美，体验趣味彩墨画的创作乐趣。

活动准备：

PPT、水墨颜料、宣纸、毛笔、笔洗、毛毡、背景音乐。

活动重点：

感受画面中的线条美和色彩美。

活动难点：

用丰富线条与彩点来表现春天的景物，能在作品中体现出墨色浓淡、深浅、色彩交错的变化。

活动过程：

1. 介绍画家吴冠中

他是中国一位很有名的画家，家乡就在江苏。他的名字叫吴冠中。他对大自然特别喜欢——小鸟的鸣叫、小花的摇曳、小雨的缠绵都能激发他的灵感。他常喜欢用流动的线条和点来表达对大自然的感受、记录大自然的美妙。这幅画就是他对春天的特别感受，被命名为《春如线》。

2. 欣赏作品，幼儿畅谈、分享不同的感受

（1）教师引导语："刚才听了吴冠中画家的介绍，我们再来看这幅画，你觉得这幅画为什么会叫《春如线》？这幅画讲述的会是一个什么样的故事呢？"

（2）教师引导语："你发现这些线条有什么不一样的地方？粗的线条表示什么？细的又像什么？这些彩色的点又像是谁留下来的呢？"（幼儿发言）

（3）欣赏一组吴冠中关于春天的彩墨画，进一步感受画家独特的绘画风格，为下面的彩墨画创作做好铺垫。

教师引导语："吴冠中画家还画了一组与春天有关的彩墨线条画，我们一起来看一看。"在欣赏时，教师帮助幼儿进一步感受吴冠中《春如线》系列彩墨画中的线条美和色彩美，同时也从画面整体构图、彩墨意境等审美角度给予幼儿强烈的视觉美感体验。

小结：春天万物复苏，一切都是新的。小草偷偷地从土里钻了出来，细细的。柳树发芽了，被春风一吹，摇啊摇，像姑娘的长发飘啊飘，树木都乘着春天在使劲地往上蹿。桃花开了，迎春花开了，梨花开了。春风在轻盈舞蹈，春雨滴答滴答地下着，落在池塘里，像顽皮的跳跳虫。小蝌蚪也在水里嬉戏呢。小动物们也出门玩了，看，小兔、小松鼠一蹦一跳，在山坡上留下了一串串的脚印……春天会发生许多有趣的故事！春天在我们眼中，春天在优美的音乐里，春天在画家神奇的笔下。瞧，画家多厉害，用简单的线条、点就把春天那么动听的故事表现了出来。

3. 创作活动：我来学大师，教师巡回指导

师：小朋友们也来用点和线画一幅特别的画吧，用你的线条和点告诉大家一个关于春天的好听的故事。

4.集体欣赏

师：谁想来介绍一下自己的作品？或是说一说自己喜欢哪一幅作品，为什么喜欢？

启发引导幼儿从彩墨画整体布局、线条运用、色彩处理、想象力等方面进行讲评，教师适当总结与提炼，提高幼儿对水墨作品的欣赏与审美能力。

活动反思：

此次绘画活动结合了季节的特征。幼儿在感受到春天的强烈气息后，我带领幼儿观察春天的季节特点，感受春天，鼓励幼儿用水墨的形式表现春天，将春天的故事藏在自己的绘画中。

活动开始，我选择向幼儿介绍画家吴冠中和他的绘画作品，给幼儿一个知识点，一个强烈的视觉冲击力，充分调动幼儿的注意力和绘画欲望。幼儿在寻找吴冠中作品中隐藏的春天的故事时，兴趣很浓，为后来的绘画创作奠定了非常好的基础。

下一步活动：

继续寻找适合幼儿绘画的水墨作品，让幼儿在游戏中感受水墨的独特韵味。

小知识：

水墨画，又称为中国画或国画，是一种源于中国的传统绘画形式，主要使用水墨和毛笔在宣纸或绢上作画。这种艺术形式强调笔触、墨色的变化和画面的意境，追求的是一种简约、含蓄和抒情的表达方式。水墨画的题材广泛，包括山水、花鸟、人物等，而画风则分为工笔和写意两大类。工笔注重细节的精细描绘，而写意则更注重表现画家的个性和情感，追求笔墨的自由流畅。

吴冠中（1919—2010）是中国现代水墨画的重要代表人物之一，也是中国艺术界的一位巨匠。他的作品融合了传统中国水墨画的技法和西方现代艺术的表现手法，创造出独特的艺术风格。吴冠中擅长山水画，他的画作以自由的笔触、鲜明的色彩和对光影的巧妙运用而著称。他的作品不仅仅是自然景观的再现，更是对自然和生命的深刻感悟。不仅在中国，也在国际上获得了广泛的认可和赞誉。

活动六：大班绘画——《彝族图腾》

活动设计：吴 迪

设计思路：

在幼儿了解彝族文化的过程中，知道了彝族有它自己民族的图腾，幼儿对此非常感兴趣，也知道了图腾背后的寓言故事等。在活动区的时候，他们也会围绕着"图腾"自发地展开游戏，但是绘画对于他们来说具有一定的挑战。故设计此次活动，鼓励幼儿通过观察，能够尝试用不同的艺术表现手法来展示彝族图腾。

活动目标：

1. 知道彝族的图腾，了解其代表着的含义。
2. 尝试用绘画工具表现彝族的图腾，并感受彝族的文化。

活动准备：

1. 物质准备：彝族图腾、笔、纸、颜料、水。
2. 经验准备：见过彝族图腾。

活动过程：

1. 活动导入，激发兴趣

幼儿展示自己收集的资料，介绍其背后的含义。

师：今天我们请收集彝族图腾的小朋友来分享他们收集到的信息。

2. 观察与创作

师：原来牛和火是彝族最具有代表性的图腾，有着它们自己特殊的含义，今天我们也来试着画一画！

（1）出示图片。

引导幼儿观察其特点并用语言表达出来，充分感受彝族文化。

（2）绘画表现。

幼儿创作，教师巡回指导：

①提示幼儿先观察其特点。

②引导幼儿用多种不同形式进行尝试。

③指导个别幼儿持笔姿势、坐姿，鼓励幼儿大胆绘画。

3. 作品分享与展示

师：请小朋友与同组小朋友分享自己的作品，找到你们认为最好的作品，并且想一想如果要是你，可以把这个图腾应用到什么地方，其他小朋友可以点评和帮忙补充。

（1）幼儿小组点评、分享。

（2）最后每组代表幼儿分享作品。

4. 结束

师：今天我们小朋友一起了解了彝族图腾，知道了它在彝族人心中的重要作用，而且小朋友说得都非常好，图腾应用的地方非常广泛，我们也可以在生活中去找一找，看一看。

活动延伸：

语言区：结合彝族图腾创编故事、绘画和讲述故事。

教学反思：

该活动符合大班幼儿的年龄特点，幼儿能够用自己的方式表现图腾，并且在分享过程中，幼幼之间的有效互动，凸显了大班幼儿社会交往能力及解决问题的能力水平；教师能把握住活动的难点，帮助幼儿克服运用不同美术工具时出现的问题，也关注到个别幼儿的能力水平，及时地对其进行引导与支持。

图 2-1-1　幼儿绘画作品

小知识：

　　图腾是一种象征性的符号，在许多文化中扮演着重要的角色，尤其在原住民和部落社会中，它们不仅是文化认同的标志，还常常与宗教信仰、社会组织和艺术表现紧密相关。

　　不同的民族有着各自独特的图腾文化。彝族是中国的一个古老民族，主要分布在云南、四川、贵州和广西等地。彝族的图腾文化丰富多彩，其中最著名的图腾是"鹰"和"虎"。

　　鹰在彝族的传统文化中象征着高贵、力量和智慧。它被认为是彝族的祖先之一，许多彝族的传说和仪式中都有鹰的形象。虎则是彝族的另一个重要图腾，代表着力量、勇气和权威。在彝族的史诗和民间故事中，虎常常扮演保护者和英雄的角色。

　　彝族的图腾不仅体现在他们的口头传统和信仰中，还广泛应用于服饰、建筑、工艺品和节日庆典中。例如，彝族的服饰上常常绣有鹰和虎的图案，而在重要的节日和庆典上，人们会佩戴图腾面具，表演图腾舞蹈，以此来表达对图腾的敬仰和崇拜。

第二节　民族手工艺制作

活动一：小班拓鱼版画——鱼儿乐园

活动设计：刘珊珊

活动目标：

1. 在游戏中探索吹塑纸和颜料的特点，对拓鱼版画产生兴趣。

2. 尝试使用吹塑纸和颜料，自主创作拓鱼版画作品。

3. 体验创作过程中的乐趣，并愿意分享自己的作品和发现。

活动准备：

铅笔（笔尖注意不要太尖细）、吹塑板、卡纸、丙烯（或者水粉颜料）、滚筒刷子、防水围裙、小鱼模型（或图片）、小水池（或托盘）、海绵，小鱼贴纸或小印章作为奖励。

活动过程：

1. "鱼儿游"游戏

（1）玩"鱼儿游"的游戏，模拟小鱼游动的样子，激发幼儿对小鱼的兴趣。

（2）教师出示小鱼模型或图片，引导幼儿观察小鱼的外形和颜色。

2. 小鱼拓画坊

（1）教师示范如何用铅笔在吹塑纸上画出小鱼的形状，并涂上颜料。然后展示如何拓印出小鱼的图案。

（2）鼓励幼儿根据自己的想象和喜好，在吹塑纸上画出不同形状的小鱼。

（3）沿着小鱼的轮廓把多余的部分撕下来。

（4）用滚筒刷子给小鱼涂上喜欢的颜料，在卡纸上进行拓印，探索拓印的技巧和效果。

3. 小鱼大乐园

（1）将幼儿的作品展示在墙面上或桌面上，形成一个鱼儿乐园。

（2）请个别幼儿介绍自己的作品，分享创作过程中的发现。

（3）为每位幼儿颁发小鱼贴纸或小印章。

活动延伸：

在区域活动中设置"小鱼拓画坊"，提供丰富的材料和工具，供幼儿继续探索和创作。

图 2-2-1　幼儿拓鱼作品

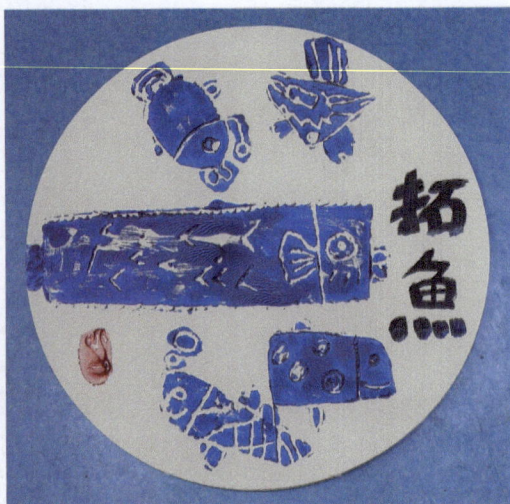

图 2-2-2　幼儿拓鱼作品

小知识：

　　鱼拓，顾名思义，就是将真鱼的形象用墨汁或颜料拓印到纸上的一种艺术，灵感源自中国古老的碑拓技艺。

　　按照中国画的技法，可书写上序、跋等，然后盖上红色印章，这样一幅作品就完成了。

　　它将西方的写实技法和中国书法融会贯通，既有写意的清新意境，又有真实、栩栩如生的画法，再装裱起来，挂于书房或客厅，独特而雅致。

活动二：小班创意制作——陶罐

活动设计：邵玉鹏

活动目标：

1. 体验陶泥制作的乐趣，培养动手能力。

2. 学习简单的泥巴塑形技巧，尝试制作泥巴陶罐。

活动准备：

陶泥、清水、简单的模具、塑料刀、塑料棒、小毛巾、展示台。

活动流程：

1. 出示陶罐，激发幼儿兴趣

（1）出示陶罐，请幼儿观察，唤起幼儿已有经验。

师：这是什么？你们见过吗？小朋友猜一猜，它可以做什么？

（2）向幼儿介绍陶罐，激发幼儿制作兴趣。

师：陶罐就像是一个大大的、圆圆的碗，但它比碗要坚固很多哦。它是由一种叫作"陶土"的泥土做成的。人们会先把陶土揉成各种形状，然后放进一个热热的炉子里烤，就像我们烤饼干一样，但是烤的时间要长很多。等它烤好了，就变成了一个硬硬的、可以装东西的陶罐了。

陶罐的用处可大了，它可以装水、装米、装糖果，甚至可以装一些种子，让种子在里面生长呢！而且，陶罐还有一个特别的地方，就是它保存东西的时间很长，不容易坏掉。古代的人们会在陶罐上画上各种图案，比如小动物、小花、太阳和月亮，这样陶罐就变得更加美丽和特别了。

2. 出示材料，幼儿尝试制作陶罐

（1）教师简单演示、介绍泥巴陶罐的制作过程，包括取泥、塑形、修饰等步骤。

师：小朋友们看，先取一块陶泥，把陶泥放在手心里揉一揉，团成一个球形。再用手掌压一压，把这个球压扁。然后，用手捏一捏，捏出陶罐的边儿。看，一个小陶罐就做好了。小朋友们也可以用这些工具帮忙给陶罐印上花纹哦。

（2）幼儿用泥巴制作陶罐。（教师提醒幼儿注意泥巴的湿度，及时添加清水或擦拭多余泥巴）

3.作品展示及整理

（1）将幼儿制作的陶罐放在展示台上，让幼儿欣赏自己的作品。

（2）提醒幼儿将使用过的工具归位，保持活动场地的整洁。

延伸活动：

带领幼儿观看陶罐介绍的视频，扩展幼儿对陶罐的认识。

注意事项：

泥巴的质量要控制好，避免过湿或过干影响塑形效果。

小知识：

陶罐是一种用陶土烧制而成的容器，通常用于储存食物、水或其他液体。陶罐的历史可以追溯到新石器时代，是人类早期文明的重要组成部分。在中国，陶罐有着悠久的历史和丰富的文化内涵。

陶罐的制作过程很有趣。首先，人们会选取一些好的陶土，然后加水揉成泥巴。接着，他们会用这些泥巴做出罐子的形状，并在表面进行修饰，让它看起来更漂亮。最后，将这个形状的泥巴放进火里烧制，经过高温烧制后，泥巴就变成了坚硬的陶罐。

陶罐有很多用途。在古代，人们常用它来储存粮食、水或其他食物，因为它密封性好，可以保持食物的新鲜。而且，陶罐还可以用来酿酒、装油等。在一些地方，陶罐还被用作装饰品，放在家里或院子里，增添一份古朴的美感。

陶罐的形状和大小各不相同，颜色也很丰富，有棕色、灰色、黑色等。上面还会有一些图案或文字，这些都是制作者在制作过程中精心添加的。

总之，陶罐在中国传统文化中具有重要的地位，不仅用于日常生活，还常常被制成艺术品和收藏品。不同的地区和时代，陶罐的形状、图案和制作工艺都有所不同，反映了当地的文化特色和审美观念。

活动三：中班美术欣赏活动——脸谱艺术

活动设计：任宝丽

活动思路：

通过欣赏和制作脸谱，让幼儿了解脸谱的特点、色彩和图案，培养幼儿的审美情趣和动手能力。同时，通过活动让幼儿体验国粹的魅力，增强民族自豪感。

活动目标：

1.知道脸谱是中国传统戏曲演员脸上的绘画，不同颜色和图案代表不同的人物性格。

2.能够通过观察、欣赏，发现脸谱的特点，并尝试自己动手绘制脸谱。

3.对传统艺术感兴趣，增强民族自豪感。

活动准备：

1.各种颜色、图案的脸谱图片和实物。

2.绘画脸谱的空白面具、颜料、画笔等材料。

3.背景音乐：《京剧猫》主题曲。

活动重点：

让幼儿了解脸谱的特点，能够自己动手绘制脸谱。

活动难点：

引导幼儿理解脸谱颜色、图案与人物性格之间的关系。

活动过程：

1.导入

播放《京剧猫》主题曲，让幼儿跟随音乐做简单的动作，活跃气氛。

展示脸谱图片，教师用生动的语言介绍："小朋友们，今天我们来到了一个京剧的世界，看看这些漂亮的京剧面具，它们叫作脸谱。你们想不想知道脸谱的秘密呢？"

2. 基本环节

（1）观察与讨论。

分组展示不同颜色、图案的脸谱，让幼儿轮流观察并提问："你们发现了脸谱上有什么不同的地方吗？"

引导幼儿讨论脸谱的颜色、图案，并鼓励他们表达自己的看法。

（2）脸谱知识讲解。

教师简要讲解脸谱的来历和它在京剧中的作用。

介绍脸谱颜色、图案与人物性格的关系，如："红色代表的是正直、勇敢的英雄；黑色则代表的是刚直、勇猛的人物。"

（3）绘制脸谱示范。

教师现场演示如何绘制一个简单的脸谱，边示范边讲解其步骤和注意事项。

（4）动手操作。

提供空白面具、颜料、画笔等材料，让幼儿自己尝试绘制脸谱。

教师巡回指导，提供帮助，鼓励幼儿发挥创意。

（5）作品展示与分享。

让每个幼儿展示自己的脸谱作品，并鼓励他们向同伴介绍自己的创作过程和想法。

3. 结束环节

把幼儿的脸谱作品放在美工区，鼓励幼儿在脸谱两侧穿上绳子，戴上脸谱做游戏。

活动延伸：

1. 家园共育：与家长分享脸谱的特点和自己创作的脸谱作品。

2. 环境创设：在班级环境中展示幼儿的脸谱作品，营造艺术氛围。

教学反思：

活动的观察与讨论环节，幼儿对脸谱的颜色和图案表现出了浓厚的兴趣。他们能够积极参与讨论，分享自己的观察和想法。在脸谱知识讲解环节，我注意到部分幼儿对脸谱背后的文化含义理解还比较浅显。在以后的活动中，需要采用更直观、生动的方式，如故事讲述或角色扮演，来帮助幼儿更好地理解脸谱的文化内涵。

小知识：

脸谱艺术是中国戏曲中的一种独特的化妆技艺，它通过在演员脸上绘制复杂、多彩的图案和符号来表现角色的性格、身份和道德品质。这种艺术形式在中国戏曲中尤为重要，尤其是在京剧、川剧和其他地方戏曲中。

脸谱的起源可以追溯到中国古代的面具舞，随着时间的推移，它逐渐发展成为一种高度程式化的表演艺术。脸谱不仅仅是化妆，它还是一种深植于中国传统文化和美学的象征性语言。

脸谱的主要特点包括：

1. 色彩：不同的颜色在脸谱中代表不同的含义。例如，红色通常代表正直、忠诚；黑色意味着刚直、勇猛；白色则常常代表奸诈、狡猾。

2. 图案：脸谱上的图案和线条象征着角色的性格特点或历史背景。例如，刀疤可能表示角色的英勇，而花朵则可能代表美和爱情。

3. 精细的工艺：脸谱的制作和绘制需要精湛的技艺和丰富的经验。每个脸谱都是手工绘制，并且根据角色的不同而有所变化。

4. 类型：脸谱可以根据其用途和表现手法分为不同类型，如生角脸谱、旦角脸谱、净角脸谱和丑角脸谱等。

脸谱艺术不仅在中国戏曲中占有重要地位，它还深受艺术收藏家和爱好者的喜爱，并且在文化交流和旅游纪念品市场中也非常受欢迎。脸谱的绘制和设计是中国传统文化的重要组成部分，它体现了中国人民的智慧和创造力。

活动四：中班美工——三星堆之青铜纵目面具

活动设计：褚雨柔

设计思路：

近期班中幼儿对轻黏土制作的兴趣非常浓厚，每天都喜欢制作各种有趣的作品。一天一名幼儿在分享自己参观"三星堆"主题展的照片时，上面的文物深受幼儿的喜爱，他们主动交流着自己的想法。为此教师关注到了幼儿的兴趣点，及时抓住教育契机，开展三星堆主题艺术创作。本次活动通过三星堆中"青铜纵目面具"这一具有浓厚历史文化底蕴的主题，激发幼儿对传统文化的兴趣。此文物以其独特和精湛的工艺、夸张有趣的造型，为幼儿创作提供了丰富的素材和灵感，适合中班幼儿去模仿和创造；幼儿在制作的过程中逐步提高对黏土的创作技能，发展幼儿创造力和想象力。

活动目标：

1. 了解三星堆的文化背景和特点，激发幼儿对传统文化的兴趣。
2. 尝试使用黏土运用团、搓、捏、压、躺的技能制作三星堆"青铜纵目面具"。
3. 培养幼儿的想象力和创造力，增强对美术活动的热爱。

活动重点：

运用团、搓、捏、压、躺的技能制作三星堆"青铜纵目面具"。

活动难点：

尝试表现出"青铜纵目面具"的明显特征。

活动准备：

1. 物质准备："青铜纵目面具"文物图片、黏土、颜料、画笔。
2. 经验准备：幼儿参观过"三星堆"展，近距离观看过"青铜纵目面具"。

活动过程：

1.通过谈话，引出关于"青铜纵目面具"的话题

师：小朋友们，你们都去过三星堆的文物展吗？这里面你最喜欢哪个物品呢？

师：今天我们要一起来制作三星堆里面最有名的"青铜纵目面具"，我们一起来看看吧！

2.观看"青铜纵目面具"，引导幼儿观察其特征

师：它们的脸型有什么形状呢？

师：它们的五官是一样的吗？请你说说都有什么样子的？

师：你觉得"青铜纵目面具"里让你印象最深或者你觉得最有趣的地方是哪里？

3.教师出示用黏土制作好的"青铜纵目面具"，讲解制作方法

（1）首先制作"青铜纵目面具"的脸型。

（2）使用工具画出面具上的线条。

（3）制作自己喜欢的"青铜纵目面具"的五官。

（4）最后将五官和脸型贴合在一起。

4.幼儿动手操作，教师巡视指导

（1）鼓励幼儿借助各种工具表现"青铜纵目面具"的细节。

（2）表扬有创意、有想法的幼儿，激发其他幼儿的想象力。

5.结束部分

（1）欣赏幼儿作品，进行总结提升。

（2）将幼儿制作好的作品布置成"作品展"。

活动延伸：

美工区：尝试制作三星堆里的其他文物。

教学反思：

本次泥工活动通过"青铜纵目面具"这一主题，成功激发了幼儿对传统文化的兴趣。在活动中，幼儿通过动手制作泥塑作品，锻炼了手部肌肉和创造力。在活动

过程中，教师注重引导幼儿观察和分析文物的造型特点，鼓励他们发挥想象力和创造力，制作出独特的作品。同时，教师也关注到幼儿在活动中的表现和反应，及时给予指导和帮助。

　　然而，在活动过程中也存在一些不足之处。例如，部分幼儿在创作过程中表现出一定的畏难情绪，需要教师提供更多的鼓励和支持。此外，教师还可以进一步拓展活动内容，将三星堆文物与其他传统文化元素相结合，丰富幼儿的文化体验。

图 2-2-3　幼儿制作的三星堆面具作品

小知识：

　　三星堆遗址是我国四川省广汉市的一个古文明遗址，其年代距今 4800 年—2800 年，是新石器时代至商周的蜀文化遗址。三星堆文化以其独特的青铜器、金器、玉器等文物而闻名，这些文物与同时期的中原文物有着显著的不同，展现了古蜀文明的繁荣和特色。

　　三星堆青铜纵目面具是三星堆遗址出土的最引人注目的文物之一。这个面具高约 66 厘米，宽约 138 厘米，是一块巨大的青铜制品。它的特征是双眼外突达 16 厘米，耳朵向两边张开，面具宽达 138 厘米，五官极尽夸张，显出一种凌厉的威严。人称"千里眼、顺风耳"。这种造型在同时期的中国其他地区的文物中非常罕见。

活动五：大班美术活动——扎染

活动设计：松　楠

设计思路：

随着现代技术的不断发展，小朋友们接触的东西也越来越现代化，慢慢地有些传统的东西就会被遗忘。本活动以中国的扎染工艺为活动对象，帮助幼儿从生活中提升美的经验，感受中国传统艺术的魅力。本活动引导幼儿通过亲自制作扎染手帕，感受古老的扎染工艺，感知民间艺术的神奇与伟大。本主题主要是让幼儿了解扎染的美丽和现代扎染方法的一个小方面，扎染还有许多传统和现代的色彩、图案和花纹，还需要小朋友在成长过程中不断地去认识、学习和探索。

活动目标：

1. 引导幼儿学习简单的扎染方法，尝试制作出螺旋纹。
2. 通过这次活动，激发幼儿对扎染的兴趣，感受学习的快乐。
3. 欣赏传统扎染作品和现代扎染作品的特点，初步了解扎染是中国传统工艺。

活动重点：

学习扎染技艺之一的螺旋纹。

活动难点：

制作过程中拧手帕和扎橡皮筋的动作。

活动过程：

1. 游戏导入

带领幼儿进行游戏，激发幼儿兴趣。老师出示白手帕用变魔术的方法展示螺旋纹手帕。

师：哪一张手帕更美呢？（幼儿回答）

师：你们猜一猜这么漂亮的花纹是怎么来的呢？（幼儿猜测）

（设计思路：通过游戏，让幼儿进行观察，引发幼儿的兴趣）

2.介绍扎染

（1）初步了解什么是扎染。

师：到底什么是扎染呢？请小朋友们认真听一听、看一看。

老师介绍扎染是中国传统的手工染色技术。

师：你们知道它为什么叫作扎染吗？（幼儿回答）（设计思路：幼儿观看老师的动作，初步进行学习）

师：因为我们可以利用如图中所看到的各种工具，对我们的纺织品进行捆、缝、夹等，你们在图中看到了哪些工具呢？

师：结扎后要做什么呢？

师：然后再进行染色，这就叫作扎染。

师：由于我们的扎染技术历史悠久，结扎方法多，染色出来的花纹也很丰富，所以现在我们的手工扎染可以分为两大类：一类是传统的扎染；另一类是现代的扎染。

（2）老师播放传统扎染作品的图片，幼儿观察。

师：看，这就是传统的扎染作品，它是什么颜色的，都有哪些花纹呢？它的花纹是我们生活当中能够看到的东西吗？（幼儿回答）

师：传统的扎染作品颜色叫作蓝靛色，它的颜色来自于自然界中一种叫作板蓝根的植物，花纹主要来自于我们生活当中可以看见的动物、植物和人物。

（3）老师播放现代扎染作品，幼儿观察。

师：到了现代，我们的扎染作品和花纹发生了许多变化。看，这就是现代的扎染作品，它是什么颜色的？它有哪些花纹呢？（幼儿回答）

图 2-2-4 幼儿扎染的玩具和袋子

图 2-2-5 幼儿扎染的太阳帽

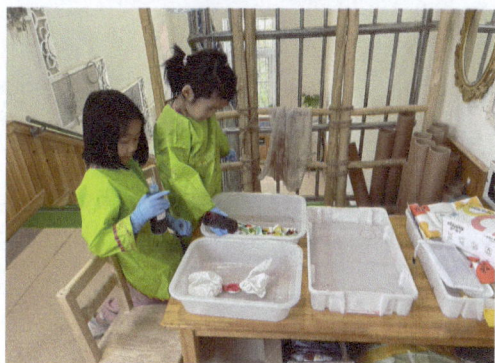

图 2-2-6 幼儿扎染

图 2-2-7 幼儿扎染作品展示

3. 尝试学习制作扎染

师：了解了扎染，你们想制作属于自己的扎染作品吗？

（1）老师为大家介绍今天学习的扎染图案叫作螺旋纹，它是用纸芯和橡皮筋来进行操作的。

师：小朋友们要认真看哦，我一会儿要考考大家。

（2）老师播放制作方法的视频。（幼儿观看视频）

（3）老师结合PPT引导幼儿一起回忆、复述制作方法，并强调一些工具的使用方法。

（4）讲解到拧螺旋纹时，老师单独出示视频，请幼儿跟着老师一起学拧螺旋纹。

（5）接着强调橡皮筋的捆法。

师：帕子拧好后像一个小花卷，接着开始捆橡皮筋，用十字交叉的方法，第一根、第二根、第三根、第四根，橡皮筋捆好之后是这样的。接着开始染色，在染色时，小朋友要注意尽量将颜色上满。

（6）老师请幼儿操作，在操作前老师要强调规则。

师：8位小朋友为一组，在制作扎染时要保持安静，使用后的材料请放回托盘里，先完成作品的小朋友，请先将桌子擦干净，将卫生纸放回托盘中，请小朋友抬小椅子有秩序地上座位。

（7）幼儿操作，老师在旁协助并进行辅导。

4. 展示作品

老师请先完成作品的小朋友整理好桌子后，到候场区准备做好模特步的准备时：请先完成作品的小朋友，检查一下桌面干净吗？将桌面擦干净，把纸放回托盘里，接着将自己的螺旋纹手帕放在桌面上，小手像熨斗一样将帕子整理平坦，整理好的小朋友可以先想一个自己最喜欢的动作，待会儿走模特步为大家展示自己的作品。小朋友们制作的螺旋纹太漂亮了，我都等不及要把美丽的扎染螺旋纹展示给大家瞧一瞧。小朋友们快拿上自己的螺旋纹作品到老师这里来准备。

5. 小结

师：我们今天做的扎染花纹叫什么名字？（幼儿回答）小模特们，准备好了吗？

师：我们的螺旋纹手帕还有点湿，我们一起拿出去将它们晒干吧！大家一起去把手帕晒干吧。

活动延伸：

通过这次活动，小朋友初步了解了扎染是我们中国传统的手工染色技术。在活动当中，通过图片小朋友能够自己去观察、发现扎染技术的变化。在观看视频的过程中强调了活动当中的难点动作，小朋友们操作拧螺旋纹的动作大多数幼儿都能完成，只有个别幼儿还需要老师的帮助。

教学反思：

在扎染过程中，捆橡皮筋对幼儿来说是个难点，需要老师进行协助。最后上色展示的整体效果非常好，不仅美观，而且幼儿还很有成就感。在以后的活动中可以多练习捆的动作。

小知识：

> 　　扎染是一种古老的染色技艺，通过捆绑、打结或夹板等方式进行局部固定，然后放入染液中染色，从而在布料上形成独特的图案和纹理。
>
> 　　这种技法使用天然或合成染料，使布料在染色过程中呈现出不同的花纹和纹理。扎染的图案多样，既有规律性的几何图形，也有自由流畅的自然纹理，每一件扎染作品都是独一无二的，具有个性化的艺术效果。这种技艺不仅体现了手工艺术的魅力，也符合当代对于环保和可持续发展的追求。如今，扎染广泛应用于服装、家居装饰等领域，其独特的美学备受人们喜爱。

活动六：大班创意制作——香包（2课时）

活动设计：邵玉鹏

第一课时：花草的收集与干燥

活动目标：

1. 了解香包的文化背景，了解适合做香包的花草种类及其特点。

2. 学习花草的干燥方法，体验花草从新鲜到干燥的变化过程。

3. 培养幼儿观察、记录的能力。

活动准备：

1. 户外收集工具（如小篮子、剪刀、手套等）。

2. 适合制作香包的花草清单及图片（如薰衣草、玫瑰花、薄荷等）。

3. 干燥剂（如硅胶干燥剂、食盐等）。

4. 密封袋（或透明塑料盒）。

5. 记录本和彩色笔。

活动过程：

1. 出示花草香包，激发幼儿兴趣

教师请幼儿闭上眼睛，拿出花草香包放在幼儿鼻子前面请幼儿嗅闻。

师：你们闻到了什么味道？猜一猜是什么？你见过香包吗？在哪里见到过？那些香包是什么香味的？

小结：香包是中国传统文化中经常用到的。一般在端午节用的香包，可以驱蚊、防病。少数民族地区用的香包常用来表达情感。还有的时候，我们会用香包让衣服或者身体散发香香的味道，让我们心情愉快。

2. 设计原料清单，进行户外收集

（1）教师出示花草清单和图片，介绍适合做香包的花草种类及其特点。

（2）带领幼儿到户外花园或植物园，按照清单收集花草。提醒幼儿注意安全，正确使用工具。

3. 花草干燥，观察记录

（1）将收集到的花草进行分类，去除杂质。

（2）指导幼儿将花草放入密封袋或塑料盒中，并加入干燥剂。

（3）贴上标签，记录花草的种类和开始干燥的日期。

（4）鼓励幼儿每天观察花草的变化，并记录在记录本上。

引导幼儿注意花草的颜色、形态和气味等方面的变化。

第二课时：制作花草香包

活动目标：

动手制作简单的花草香包，培养幼儿的动手能力和创造力。

活动准备：

已干燥的花草、彩色无纺布、针（安全针）线、剪刀、装饰物（如彩色丝带、珠子、小挂饰等）。

活动过程：

1.分享自己的干燥花草，激发幼儿做香包的兴趣

师：小朋友们的花草已经干燥好了，大家可以互相闻一闻，它是什么味道的？接下来，我们就可以做香包了！

2.尝试制作香包

（1）设计香包。

幼儿讨论香包的形状、颜色、装饰等，并在无纺布上画出自己的设计图。

师：你们都见过什么样的香包？你们想做什么样的香包？每个小朋友可以在无纺布上画一画，设计一个独特的香包吧。

（2）制作香包。

鼓励幼儿根据自己的设计，剪下设计好的香包片，使用针线进行缝合。注意缝合到一半时，提示幼儿将已干燥的花草填充到里面，也可以用自己喜欢的装饰物装饰香包，然后进行封口。

3.交流总结

幼儿完成香包后，互相交流欣赏，鼓励幼儿介绍自己的香包，讲述制作过程中遇到的问题和解决的办法。

师：给大家介绍一下你独特的香包吧，它是什么颜色、什么形状、什么香味的呢？你是怎么做出来的？做的时候遇到了什么困难？你是用什么办法解决的？

活动延伸：

1.邀请幼儿互相交换香包，增进彼此之间的友谊。

2.鼓励幼儿将香包带回家中，与家人分享制作过程和香包的用途。

注意事项：

1.确保材料的安全性，并提醒幼儿注意使用工具的安全。

2.鼓励幼儿大胆尝试和创新，不要过分强调作品的完美性。

3.关注每个幼儿的发展状况，并给予适当的帮助和支持。

小知识：

香包，又称为香囊、香袋，是一种小巧的装饰品，通常由布料或其他材质制成，并填充有干燥的花瓣、香料、中草药等物质，具有怡人的香气。香包可以佩戴在身上，挂在室内，或用作汽车、衣柜的装饰，其香气既能够美化环境，又有一定的保健作用。

在中国，香包有着悠久的历史，它起源于古代的礼仪文化，最早用于宗教仪式和宫廷礼仪。随着时间的推移，香包逐渐普及民间，成为端午节等传统节日的特色物品。尤其在端午节，人们有佩戴香包的习俗，认为它能够驱邪避疫，带来健康和平安。

香包的制作工艺多样，既有简单的布料包裹，也有精美的刺绣和编织。香包的形状和图案丰富，常见的有动物、植物、吉祥图案等，寓意吉祥如意、幸福安康。

现代的香包不仅是传统文化的体现，也是一种时尚的配饰和礼品，受到许多人的喜爱。香包的香气多样，可以根据个人喜好选择不同的花香、木香或草药香，其独特的魅力和实用性使它成为传播中国传统文化的一个有趣载体。

第三节　民族服装服饰

活动一：小班锡纸扭扭制作——民族银饰

活动设计：邵玉鹏

活动目标：

1. 通过观察和触摸，让幼儿初步了解锡纸和银饰的相似特性。

2. 引导幼儿运用扭、卷、折等简单动作，尝试制作简单的锡纸银饰。

3. 激发幼儿对民族文化的兴趣，培养幼儿的动手能力和创造力。

活动准备：

1. PPT 展示不同民族的银饰图片，实物展示一些简单的银饰。

2. 锡纸、剪刀（教师用，确保安全）、彩色纸条、胶水、小篮子等。

3. 轻快的民族音乐。

活动过程：

1. 播放民族音乐，引导幼儿进入活动氛围

（1）通过 PPT 展示不同民族的银饰图片，简单介绍银饰在民族文化中的意义。

师：银饰就是用银这种闪闪发光的金属做成的小饰品，它们可以做成各种各样的形状，比如项链、手链、耳环，还有我们常常见到的长命锁，等等。银饰很漂亮，还有很多美好的寓意。比如，银手镯和银长命锁，是爸爸妈妈、爷爷奶奶对小朋友的期望和祝福，希望小朋友们健康长大，富贵平安。

（2）拿出实物银饰，让幼儿观察和触摸，感受银饰的质地和形状。

幼1：银饰的颜色是亮亮的白色，就像天上的星星一样闪闪发光。

幼2：银饰摸起来凉凉的、滑滑的，戴在身上很舒服。

2. 幼儿探索制作

教师请幼儿观察并说说锡纸的特点（如：亮亮的、可以变形的等）。

请幼儿探索、尝试用锡纸进行简单的操作，扭一扭、卷一卷，做成简单的银饰形状，扭成小球、卷成长条等，做成项链、耳环、手镯等。

3. 戴上银饰一起舞蹈

幼儿戴上自己制作的银饰，随着音乐一起舞蹈。

活动延伸：

与家长一起，用其他材料（如废旧物品）制作更多的民族银饰，带到幼儿园与同伴分享。

活动反思：

本次活动通过让幼儿观察、触摸、操作锡纸，引导幼儿了解锡纸和银饰的相似

特性，并尝试制作简单的锡纸银饰。活动过程中，幼儿表现出了浓厚的兴趣和积极性，能够大胆尝试，发挥想象，制作出锡纸银饰。活动增进了幼儿对民族文化的了解，培养了幼儿的动手能力和创造力。

图 2-3-1　幼儿手工制作的银饰

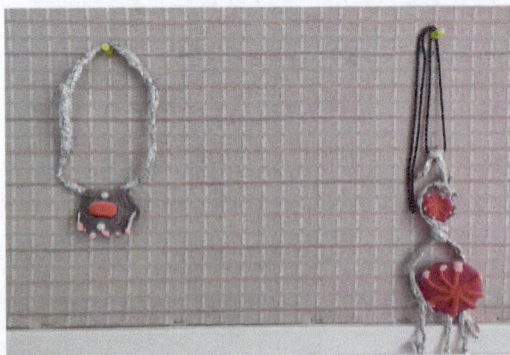

图 2-3-2　幼儿手工制作的银项圈　　图 2-3-3　幼儿手工制作的银项圈

小知识:

> 　　民族银饰是指中华民族的传统银质装饰品,它们是民族文化的重要组成部分,反映了各个民族独特的审美观念、工艺技术和历史文化。民族银饰种类繁多,包括头饰、耳饰、项链、胸饰、手镯、戒指等,其设计和制作工艺精湛,富有浓郁的民族特色。
>
> 　　民族银饰不仅是装饰品,它们还常常被视为财富和地位的象征,以及驱邪护身的吉祥物。在许多少数民族的传统节日和庆典中,佩戴银饰是重要的习俗,它们为民族服饰增添了独特的魅力和光彩。
>
> 　　随着时代的发展,民族银饰也融入了更多的现代设计元素,成为民族文化和现代时尚相结合的产物,受到了人们广泛的欢迎和喜爱。

活动二：小班配饰制作——簪花

活动设计：任宝丽

活动目标:

1.欣赏簪花的美,初步了解簪花的用途。

2.动手制作简单的簪花,体验制作簪花的乐趣。

活动准备:

头戴簪花的吉祥物"和和""睦睦"、彩色发箍、塑料小夹子(作为簪花的"簪")、各种花朵(鲜花和假花)、音乐。

活动过程:

1.幼儿试戴簪花,激发制作簪花的愿望

(1)出示吉祥物"和和""睦睦"。

师:你们看,"和和""睦睦"今天这么漂亮啊,噢,它们头上戴了簪花。你们想戴吗?

（2）出示丰富的簪花图片，幼儿欣赏簪花的美。

（3）请幼儿试戴簪花，照照镜子，激发制作愿望。

师：小朋友们戴上簪花真漂亮！可是只有两个，不够全班小朋友戴的。怎么办呢？我们也来做簪花吧。

2. 鼓励幼儿动手制作簪花

制作方法：选择喜欢的发箍，挑选自己喜欢的花朵，用小夹子夹在发箍上。

教师观察幼儿制作过程中是否有困难，及时帮助幼儿把簪花固定好。

3. 戴上簪花，一起跳舞

（1）幼儿戴上自己做好的簪花，照照镜子，体会成功和愉快的感受。

（2）播放音乐，师幼一起戴着簪花在室内或到室外跳舞、做游戏。

活动延伸：

1. 组织幼儿进行"簪花秀"活动，让幼儿戴上自己亲手制作的簪花进行表演。

2. 邀请家长参与活动，共同制作簪花，增进亲子关系。

图 2-3-4　幼儿做簪花头饰

小知识：

　　簪花是中国古代的一种装饰方法，又称戴花、簪戴、插花，是指将鲜花或其他材料制作的花朵戴在头上的装饰方式。簪花的习俗在中国已有两三千年的历史。唐朝，簪花习俗日益普遍，不仅女性喜爱，男性也开始流行簪花。宋代，簪花更是成为某些典礼的仪节，上到皇帝贵族，下到狱卒、罪犯，都有簪花的记录。

　　近代以来，簪花习俗在民间仍有流传，如天津杨柳青、苏州桃花坞的木刻年画中都有簪花妇女的形象。新娘在婚礼上也会有簪花的装扮，而且不限于鲜花，还有绢花等其他材质。

　　簪花通常是由筷子状的象牙簪固定在螺旋状的发髻上，再由鲜花或其他材料制成的花朵缠绕起来。花朵的材质多样，可以是鲜花、绢花或其他装饰品。其佩戴方式因时代和地域的不同而有所差异。一般来说，女性会将花插在发髻上，或者别在发间、鬓角处。男性则多将花戴在冠冕或发髻上。

活动三：中班传统配饰制作——压襟

活动设计：邵玉鹏

活动目标：

1. 了解中国传统民族服饰及其配饰——压襟。
2. 通过亲手制作压襟，体验民族工艺制作的乐趣。

活动准备：

1. 民族服饰图片或实物展示（如汉服、旗袍、藏袍等）。
2. 彩色珠子、彩绳、流苏、小挂环、细丝等。

活动过程：

1. 师佩戴压襟，引发幼儿兴趣

师：小朋友们看，老师今天哪里不一样？你知道这是什么吗？它的名字叫压襟，是一种中国传统的服装装饰物。你们觉得好看吗？过去，女人们穿的衣服很肥大，有风的时候容易被吹起来，如果有这样一个沉一点的压襟挂在衣服上，能压住衣襟，衣服就吹不起来了，而且还增添了美感。

2. 观察压襟的构造，尝试制作

（1）请幼儿观察，了解压襟的基本组成部分。

师：请你仔细看一看，这些压襟有什么特点？

幼1：都有一个圈，能挂在扣子上。

幼2：中间有个比较重的东西。

幼3：下面有穗穗。有小铃铛。

小结：压襟有上、中、下三个部分。上端的丝线刚好能挂在扣子上；中间部分叫"压口"，比较大；下端缀着小件银器、铃铛或流苏。

（2）幼儿挑选自己喜欢的材料和颜色，将珠子、流苏等元素串联起来，并固定在挂环上，制作压襟。

师：你们看得真仔细。这里给小朋友们准备了很多材料，你也来试着做一个压襟吧。

3. 互相交流欣赏，介绍自己的作品

师：你的压襟，上、中、下三个部分都是用什么做的？来给小朋友们介绍一下吧。

活动延伸：

让家长带领幼儿参观民族服饰博物馆，了解更多关于民族服饰和压襟的知识和制作工艺。

小知识：

　　压襟，从字面上理解就是"压住衣襟的东西"，是古代女子挂在胸前的配饰，多为银质的，佩挂于衣襟的右上方。此物又名"什件儿"，自唐代出现，流行于明清时期。

　　由于传统女装款型大多比较肥阔，风一吹就鼓鼓的，所以就要用东西压住。如不用小物件压住，遇到风大衣服吹起来，在古代会被视为失礼的行为。用沉甸甸的银质压襟正好可以压住轻薄的衣衫，是一件既有装饰作用又有固定衣襟实用效果的饰品。

　　压襟也可以称为东方胸针，和西方胸针一样是古代贵族佩戴的物件，作为明清时期女性重要的配饰之一，压襟一般被挂于衣裳右侧的第二个扣子上，到民国仍是如此。压襟不仅可以平整衣物，还能体现出女子端庄的风姿，在女子莲步轻移之间，配饰相碰发出悦耳的声响，使人听之欢愉。

活动四：中班创意装饰——蒙古靴

活动设计：董彦彤

活动目标：

1. 了解蒙古族靴子的特点，对民族服饰感兴趣。
2. 能运用多种材料对靴子进行装饰。

活动重难点：

运用多种材料对靴子进行装饰。

活动准备：

介绍蒙古靴的图片及短片；硬纸板做好的平面蒙古靴；多种装饰材料及工具。

活动过程：

1. 导入

（1）出示蒙古靴图片。

师：小朋友们看一看图片上的鞋漂亮吗？

幼：漂亮。

师：这双小小的鞋蕴含着不同的民族文化特色呢。

2. 认识蒙古靴，装饰蒙古靴

（1）引导幼儿观察蒙古靴的特点。

师：你们猜一猜，这是哪个少数民族经常穿的靴子呢？

幼：我知道，这是蒙古族的。我家里有这个靴子。

幼：我家里也有，就是颜色不一样。

师：你们看，这些靴子都有哪些相同的地方？它们和我们平时穿的靴子哪里不一样？

幼：靴子上要绘很多花纹。

幼：靴子有一点点跟。

幼：每个部分的颜色不同。

……

小结：蒙古靴的前面是翘起来的，尖尖的，靴子上有漂亮的装饰，鞋底很厚，特别暖和，寒冷的天气都不怕。

（2）幼儿操作装饰蒙古靴。

师：蒙古靴这么漂亮，你们想不想做一双呢？

师：现在小朋友们来做一名设计师，来创作一双漂亮的蒙古靴子吧！

师：根据刚才大家观察到的特点，蒙古靴可以分为靴子底和靴子筒，你准备怎么装饰靴子筒呢？

启发幼儿利用不同的材料对靴子筒进行装饰，也可以用彩笔在靴子上画喜欢的花纹等。

（3）教师巡回指导。

3. 结束部分

幼儿分享展示自己的作品，鼓励幼儿大胆讲解。

活动反思：

班里有几个蒙古族的幼儿，对蒙古族靴子有一定经验。他们的回应也进一步激发了全班幼儿的兴趣。活动中为幼儿提供了多种材料，并引导幼儿进行大胆创作，从而突破活动重难点完成教育目标。

小知识：

蒙古靴，是蒙古族的传统硬皮靴，以其独特的脚趾端翘起和"气囊"设计保持热量而著称。这些靴子通常由牛皮或马皮制成，具有高靴筒和厚实鞋底，适合蒙古高原的恶劣天气和游牧生活需求。蒙古靴色彩鲜艳，装饰华丽，如刺绣、皮革贴花，以及富有吉祥意义的图案。它们不仅实用，还是蒙古族服饰的重要组成部分，反映了蒙古族的审美和工艺水平。随着时间推移，蒙古靴已成为展示蒙古传统文化的珍贵象征，深受人们喜爱。

活动五：大班美工活动——民族花纹服装秀

活动设计：马雨梦

设计思路：

每周大家都会唱起动听的园歌，歌词中集合了 56 个民族的名称。同时幼儿发现园内门厅摆放的 56 个民族娃娃顺序与歌词一致，而且它们的服装及头饰都有花纹装饰，美丽至极，引发了幼儿对民族花纹的探究欲望。《3—6 岁儿童学习与发展指南》中提出：幼儿表现艺术的核心是学会发现和感受自然界与生活中美的事物，欣赏多种艺术形式和作品，萌发对美的感受和体验，鼓励和支持幼儿自发的艺术表现与创造，培养初步的艺术表现能力与创造能力。结合幼儿年龄特点，在幼儿园民族艺术主题游戏活动设计与实施研究实践中，以游戏化的方式开展"多彩的民族花纹"

的主题活动。

活动目标：

1. 喜欢制作民族服装，感知民族花纹的纹样美及花纹特点。

2. 通过多种方式表达民族花纹纹样美，创造纹样美。

3. 能大胆展示民族花纹的纹样美，增强民族自信。

活动重点：

通过多种方式表达民族花纹纹样美，创造纹样美。

活动难点：

能大胆展示民族花纹的纹样美，增强民族自信。

活动准备：

1. 物质准备：话筒、T台秀背景、设计的民族服装、民族音乐（《有一个姑娘》《白马》《直尕思得》）。

2. 经验准备：有走T台的经验、主持的经历。

活动过程：

1. 情境导入

（1）制作民族服装，激发幼儿兴趣。

师：小朋友们好，你们用民族花纹装饰服装，做得怎么样了？

幼1：我的还差一点就装饰完成了，只差裙边了。

幼2：我的袖口还需要再画一画。

幼3：我的也即将完成，就差上最后的涂色了。

师：你准备接下来怎么装饰呢？

幼：我准备再将花纹丰富一些。

幼：我想继续让这件服装更加美丽，色彩更加多样。

师：听了你们的介绍，好期待啊。接下来，就请各个小组继续制作吧。

幼儿分为制作满族、蒙古族、土家族民族服装三个小组。

2.小组讨论

师：现在服装都制作好了，请你们想一想可以用什么方式来展示呢？

幼：T台秀。

师：那请你们分组讨论谁来介绍民族服装、怎样走秀、什么顺序走秀、谁来播放音乐。

幼儿分组讨论。

3.民族服装表演

（1）幼儿放音乐（《有一个姑娘》《白马》《直尕思得》）。

（2）小朋友根据自己的组序依次上台走秀，服装介绍师进行解说。

①主持人：今天，小朋友们也将穿上自己精心设计的民族服装——走秀，向大家展示自己设计的美丽的民族服装。

设计的满族衣服，有的是用幼儿自己的服装改造的，有的是用不织布制作的。在领口、袖口、裙边是如意纹、缠枝纹、几何纹样等的二方连续，还有植物纹、团纹等四方连续。请"小格格"们闪亮登场。

满族服装介绍师：迎面向我们走来的是身穿格格服的"小格格"们，服装的领口、袖口、裙边为二方连续，有团纹、植物纹等四方连续。她们动作优雅大方，表现特别好！

②主持人：蒙古族的衣服用不织布以及自己带来的服装进行制作，多以吉祥纹样，如寿字纹、盘长纹、祥云纹等为主，以蓝色、红色为主。请小朋友们闪亮登场。

蒙古族服装介绍师：现在向我们走来的是蒙古族的小朋友们，服装的领口、袖口、裙边和裤边为二方连续的如意纹，还有寿字纹；摆的姿势是挥马鞭、骑马、射箭等骑马舞标志性动作，仿佛来到了辽阔的大草原。

③主持人：土家族的衣服也由带来的服装进行改造，领口、袖口、裙边和裤边为几何纹样二方连续，色彩鲜艳，织锦居多，有其独有的特点。请土家族的小朋友们闪亮登场！

土家族服装介绍师：迎面向我们走来的是土家族的小朋友们，服装的领口、袖口、裙边和裤边为二方连续的几何纹样，还有标志性图案；摆的姿势是问候、摆手、洗衣服等摆手舞标志性动作，仿佛来到了大山里。

4. 欣赏表演

（1）走秀完成的小朋友回到自己座位上观看其他小朋友的走秀，跟随老师在下面鼓掌。

（2）老师用相机拍下小朋友走秀的过程，可以做成视频播放给小朋友们看，让他们看看自己美丽、自信的样子，并且爱上展示民族服装。

5. 小结

（1）幼儿分享活动中的收获。

师：小朋友们，请你们分享一下穿上美丽的民族服装有什么感觉？怎样更好地展现民族花纹？

幼：穿上满族的格格服，感觉自己像一个小格格，很开心。

幼：蒙古族的衣服可真帅气，如意纹我印象很深刻，挥马鞭的动作很酷。

幼：土家族的几何纹样都是我自己画的，觉得自己很厉害。

幼：用布做衣服很不容易，在妈妈和老师的帮助下，缝上了缠枝纹，格格服做得很成功，旗头也很漂亮。

幼：我自己制作的蒙古族服装，如意纹很好画，下次我还要接着设计。

（2）幼儿互相鼓励，为自己的服装起名字。

师：请小朋友给自己设计的民族服装起一个好听的名字。

幼：蒙古族小勇士。

幼：土家族小姑娘。

幼：满族小格格。

幼：蒙古族小达人。

幼：土家族酷哥。

（3）教师小结。

师：小朋友们今天都很自信地展示了自己设计的民族服装，对二方连续、四方连续的团纹、缠枝纹、如意纹、几何纹样等传统纹样了解得更多了。你们可以把所知道的这些民族花纹介绍给身边的人，让更多的人了解民族花纹，爱上民族服装。咱们现在就先去给中班的弟弟妹妹们展示一下吧。

活动延伸：

表演区：进行"民族花纹服装秀"的 T 台表演。

美工区：进行民族服装的制作。

教学反思：

幼儿在活动中能够结合自己对民族纹样的了解，并利用多种材料制作，综合运用裁剪、粘贴、绘画等技能，设计出蒙古族、土家族和满族的服饰。在幼儿设计服装及分享环节，我以倾听幼儿想法、提问、总结提升等方式强化幼儿对民族花纹特点的认知，完成了本次活动的目标。

为了能更好地支持幼儿深刻感受民族服装特点及不同民族的纹样美，活动中组织幼儿通过小组讨论，制定服装走秀活动流程及走秀方式，引导幼儿思考怎样能展示出民族花纹和服装的美，激发幼儿大胆表现自己的欲望，提升民族自信，突破了本次活动的重难点。同时在小组讨论中幼儿能够主动分工合作，共同完成任务，清晰表达自己的想法，这也体现了大班幼儿合作化的共同学习，提升了幼儿社交、语言表达、组织等能力。

不足之处在于幼儿在进行合作讨论时，应由记录员进行记录，并将记录结果由发言人告诉大家。在进行服装秀的展示时有的幼儿有些拘谨，应给予他们更加宽松的氛围。

图 2-3-5 民族花纹幼儿作品

图 2-3-6 民族花纹幼儿作品

小知识：

  民族服装是各民族特有的服饰，它不仅是一种日常生活的实用品，更是民族文化、审美观念的象征。不同民族的服装因其历史背景、地理环境、气候条件和社会发展的差异而呈现出丰富多样的特点。在中国的广阔土地上，各民族服装种类繁多，每种都有其独特的风格和文化意义。它们体现了不同民族的文化特色，是民族文化的载体和身份的象征。

  以下是一些典型的民族服装：

  汉族旗袍：旗袍是一种展现女性身形的传统服装，通常有立领、盘扣和侧开衩，装饰精美。

  蒙古袍：蒙古袍是蒙古族的传统服装，一般为宽敞的长袍，颜色鲜艳，适合骑马和应对草原气候。

  藏袍：藏袍是藏族的传统服装，特点是肥大、长袖，通常由羊毛或牦牛毛制成，颜色鲜艳。

  维吾尔族花帽和长袍：维吾尔族的传统服装包括装饰华丽的花帽和宽松的长袍。

  苗族银饰和百褶裙：苗族服饰以其精美的银饰和多层百褶裙而著称，色彩斑斓，银饰丰富。

  这些民族服装不仅是中国各民族文化的体现，也是各民族生活方式和历史传统的象征。

活动六：大班绘画——设计的彝族花纹

活动设计：吴 迪

设计思路：

  孩子们最近非常喜欢看《金头发》绘本，小朋友在里面发现有一些花纹总是出现在不同的画面上，他们争论不休，有的回家去调查，有的直接给花纹起名字……

故设计了此次活动，帮助幼儿认识与理解彝族花纹，从而激发幼儿的想象力与创造力。

活动目标：

1. 认真观察画面，知道彝族的花纹由哪些形状组成。
2. 尝试将已有的图形组合，创编出新的花纹。

活动准备：

1. 物质准备：笔、纸、绘本《金头发》。
2. 经验准备：知道几个简单的花纹。

活动过程：

1. 观察画面，认识彝族花纹

师：小朋友们，我们都已经看了很多次《金头发》绘本，知道了这本书讲的内容，但是哪个小朋友的眼睛更厉害，能够找到属于彝族特有的事物？

小结：小朋友说得真好，一眼就看到了，书中小娃子和小女奴，还有皇帝，只要出现过的人身上都穿着彝族服装，并且上面有很好看的花纹。

2. 引导观察，找到彝族花纹组成

（1）幼儿用语言表达出看到的彝族花纹。

师：那你看到的彝族花纹都是什么样的？

（引导幼儿说出形状或图形）

（2）教师引导幼儿说完整。

3. 设计花纹，展示作品

（1）幼儿设计花纹。

师：那彝族的花纹这么好看，我们都好好地保存下来，今天我们就当回设计师，设计一个你自己的彝族花纹。

幼儿设计花纹，教师巡回指导。

①引导个别幼儿说出"我想怎样设计"，鼓励幼儿按着自己的想法创编。

②提示幼儿找到不一样的形状，将其进行组合。

③鼓励幼儿说出自己设计的彝族花纹特点是什么。

④引导幼儿介绍语言的完整性、连贯性。

（2）幼儿展示与介绍。

4.结束

师：今天小设计师们都非常棒，能够设计出与众不同的彝族花纹，接下来可以用你自己的彝族花纹进行装饰，看看谁的最有特色。

活动延伸：

美工区：将绘画出来的彝族花纹进行装饰创作。

教学反思：

在本次活动中，幼儿大胆表达与表现，结合幼儿的已有经验，可以给不同的线命名，在介绍自己作品的时候，幼儿能用自己命名的线来分享，凸显了大班幼儿的能力水平；该活动设计符合幼儿的年龄特点，提高了幼儿的想象力与创造力，活动延伸更是促进幼儿新经验的生成。

图 2-3-7　幼儿彝族花纹作品

小知识：

彝族是中国具有悠久历史和丰富文化的民族之一，主要分布在云南、四川、贵州和广西等地。彝族文化丰富多彩，其中彝族花纹是彝族文化的重要表现形式之一。

彝族花纹特点鲜明，常见的有：

1.几何图形：彝族的织物、服饰和工艺品上经常出现几何图形，如三角形、方形、圆形和波浪纹等。这些几何图形简洁而富有节奏感，体现了彝族人对自然界的抽象理解。

2.动植物图案：彝族的装饰艺术中也常见对动植物的描绘，如马、鹰、鹿、蝴蝶、花卉等。这些图案不仅是对自然界的模仿，也常常蕴含着特定的象征意义，如力量、美丽、吉祥等。

3.传统符号：彝族的装饰艺术中还包含了许多传统的象征性符号，如"日、月、星"图案，以及代表彝族历史和传说的符号。这些符号是彝族文化传承和民族认同的重要标志。

彝族花纹广泛地应用于彝族的服饰、建筑、工艺品和生活用品中，是彝族文化的重要组成部分。它们不仅反映了彝族人的审美观念和艺术才华，也蕴含着彝族人对自然、历史和信仰的深刻理解和崇拜。彝族花纹是彝族文化多样性和丰富性的一个例证，也是中华民族文化宝库中的珍贵财富。

第三章

民族主题教育

民族主题教育是指以民族文化为核心，通过一系列有计划、有组织的教育，让幼儿在参与和体验中了解、感受和传承民族文化。这类教育活动通常包括民族音乐、舞蹈、美术、手工艺、传统游戏和节日庆典等，以培养幼儿对民族文化的兴趣和认同，增强他们的民族自豪感和文化自信。

对幼儿的学习发展来说，民族主题教育的开展具有重要价值和作用。它不仅有助于培养幼儿对民族文化的认识和尊重，促进多元文化观念的形成，而且通过参与民族主题教育活动，幼儿能够提高语言表达、艺术创作、社交互动等多元智能。另外，民族主题教育能够激发幼儿的好奇心和探索欲，有助于幼儿情感的发展，让他们在体验中学会合作、分享，学会尊重他人。

在设计幼儿园民族主题教育活动时，应遵循以下六个核心原则。

发展适宜性原则：活动设计应充分考虑幼儿的年龄特点和认知水平，确保活动内容既能激发幼儿的兴趣，又能适应他们的能力。活动难度应适中，既不过于简单，也不过于复杂，以促进幼儿在原有水平上的发展。

文化尊重与传承原则：活动应尊重并传承民族文化，确保活动内容真实、准确地反映民族文化的特色。同时，要避免文化刻板印象和误解，以促进幼儿对多元文化的理解和尊重。

体验参与原则：活动应鼓励幼儿积极参与，通过亲身体验来感受和理解民族文化。体验式学习能够让幼儿在实践中学习，提高他们的动手能力和创造力。

整合性原则：活动设计应整合不同领域的知识和技能，如语言、艺术、科学等，以促进幼儿全面发展。通过跨学科的整合，幼儿能够从多个角度理解和学习民族文化。

创新性与情感教育原则：活动应鼓励幼儿的想象力和创造力，让他们在传承民族文化的同时，也能够创新和发展。同时，注重情感教育，让幼儿在活动中体验和表达情感，培养同理心和情感管理能力。

反思评价与持续性原则：活动进行中，应及时鼓励幼儿进行反思和评价，让他们表达自己的感受和想法。同时，民族主题教育活动应持续进行，形成长效机制，以促进幼儿对民族文化的深入理解和认同。

本章具体介绍了六个经过实践检验的民族主题教育活动案例，分别适用于中班和大班的幼儿。包括中班主题活动案例《五月五，过端午》《走近侗族》《阿凡提餐厅》，大班主题教育活动案例《快乐度重阳》《一起来过庆年节》《妙剪生花》。每个主题活动都包括活动背景、目标、准备材料、活动步骤和反思评价。最后还附上了主题教育活动《妙剪生花》实施的课程故事，以供大家对照参考。

此外本章还介绍了幼儿园民族艺术主题活动的设计与实施，以及实效性，对幼儿园民族主题教育进行有益的探索。

第一节　民族主题教育活动

主题活动一：中班主题活动《五月五，过端午》

活动设计：崔惠冉　张　瑞

一、主题活动背景

端午节是中国的传统节日之一，有着悠久的历史。班中幼儿对端午美食粽子赞不绝口。同时《幼儿园教育指导纲要（试行）》曾明确指出："需要充分利用社会资源，引导幼儿实际感受祖国文化的丰富与优秀，感受家乡的变化和发展，激发幼儿爱家乡、爱祖国的情感。"因此，为了让幼儿进一步了解传统节日、认同传统节日、过好传统节日，开展本次端午主题活动，支持幼儿在活动中了解端午节的来历、习俗等，感受端午节丰富的文化内涵，激发幼儿的爱国主义情感。

二、主题活动目标

1. 知道端午节是中华民族的传统节日，乐于了解端午节的习俗和来历。

2. 愿意积极参与节日准备和庆祝活动，在活动中大胆表达与表现。

3. 通过参与丰富的庆祝活动，感受节日的快乐，产生初步的民族自豪感。

4. 在活动中能积极参与调查、交流、制作、讨论等活动，用多种方式表达自己对节日的经验与感受。

5. 通过探索节日传统习俗，积极参与节日运动游戏，提升团队合作意识与身体协调能力。

三、主题活动网络图

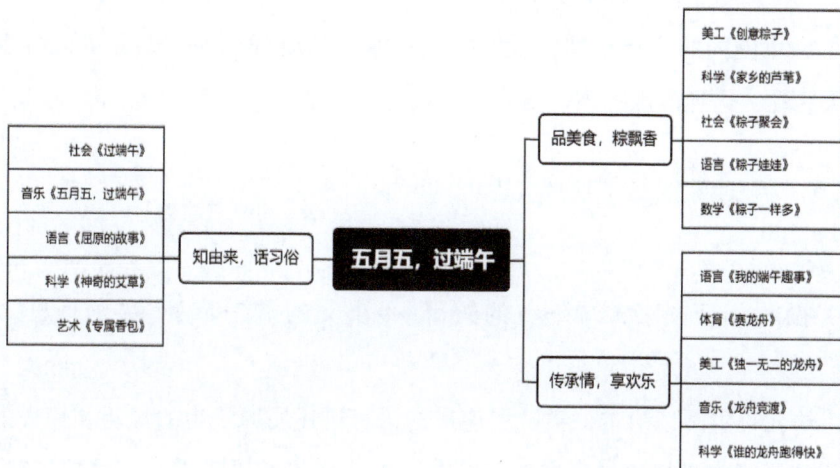

图 3-1-1 《五月五，过端午》主题活动网络图

四、资源运用

1.家长资源

（1）分享自家庆祝端午节的特别方式，如特色的粽子口味、独特的香囊制作方法，邀请孩子们到家中观摩粽子的制作过程，使活动更具生活气息，激发幼儿对节日的热爱。

（2）请家长与幼儿通过多种途径收集端午相关的图书、影音资料、模型玩具等，丰富幼儿相关经验。

（3）邀请家长参与园内庆端午的准备活动，共同为幼儿创设节日氛围。

2.社会资源

（1）利用节假日参观名人故居，了解历史故事。

（2）到田园采摘艾蒿，丰富对艾蒿的认识，参观芦苇荡，采摘苇叶包粽子，为幼儿提供亲近自然的机会。

（3）邀请社区的艺术家和长者到幼儿园来，为幼儿演示传统工艺，如编织五彩丝线、制作香囊等。支持幼儿亲身体验端午节的热闹氛围，更直观地感知传统节日的魅力。

3.幼儿园资源

（1）在园内开展"端午小巧手"活动，鼓励幼儿自己动手制作香包、彩蛋、龙舟等端午节特殊物品，与其他班幼儿进行交流展示。

（2）利用园内的户外空间，设定模拟赛龙舟的游戏区域，幼儿可以分组进行，通过团队活动，达到锻炼身体、培养合作精神的目的。

五、主题相关区域游戏创设

1.语言区

（1）投放节日图书《端午节的故事》《小艾的端午节》《赛龙舟》《龙舟的传说》。

支持幼儿自主阅读绘本，尝试用连贯的语言讲述屈原一生的经历和伟大的成就，激发幼儿的爱国主义情感；自主阅读绘本，能用连贯的语言讲述有关端午节赛龙舟的传说及比赛时的精彩场面，感受赛龙舟热闹非凡的气氛。

（2）开展"端午趣事多"交流论坛。

鼓励幼儿大胆讲述了解到的端午节习俗以及在节日前后，自己与家人的端午节故事，分享节日的快乐。

2.美工区

（1）五彩香囊。

图3-1-2　五彩香囊

根据制作过程图，用花布、针、线、太空棉等材料，制作出不同形状的五彩香囊。创造性使用彩色纽扣、亮片、彩珠、各种干花等辅助材料装饰香囊。向同伴大胆介绍自己制作的香囊，体验创作的快乐和成功。

（2）端午彩蛋。

图 3-1-3 端午彩蛋

探索在蛋壳上涂色绘画的技巧与步骤，学会运用不同的材料在蛋壳上进行装饰。

（3）艾草与菖蒲花环。

图 3-1-4 艾草与菖蒲花环

根据制作过程图，用麻绳、冬青枝条、艾草、菖蒲、法桐果等材料制作出漂亮的端午花环。

（4）端午索。

根据制作过程图，用彩线、夹子、尺子等材料制作出不同色的端午索。

（5）花样粽子。

根据折纸步骤图，探索折粽子的方法，运用折、插、缠绕彩线的方法制作粽子。

3. 表演区

（1）提供音乐《五月五，过端午》《包粽子》。

支持幼儿根据对音乐的理解选取自己喜欢的自制乐器，创造性地用动作表现劳动的景象。

（2）提供音乐《划龙舟》。

能根据对音乐的理解选取自己喜欢的自制乐器，创造性地用动作表现龙舟比赛时整齐有力的动作以及热闹壮观的场面。

4. 益智区

（1）自制玩具"粽子找一找"。

在熟悉、了解端午节习俗的基础上，能协商制定游戏规则，并能按照游戏规则进行游戏。

图 3-1-5　粽子找一找

（2）龙舟飞行棋。

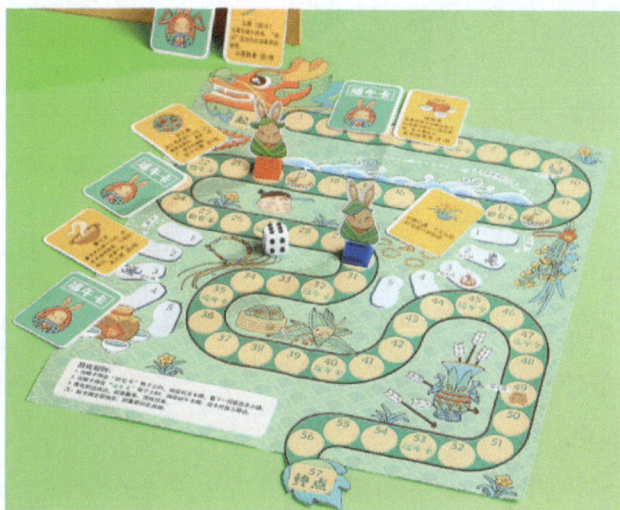

图 3-1-6　龙舟飞行棋

在熟悉、了解赛龙舟习俗的基础上，能与同伴协商制定游戏规则，并能按照游戏规则进行飞行棋游戏。

5. 建构区

（1）端午喜洋洋。

了解端午节习俗，能大胆选用积木、纸盒、插塑等多种材料，运用延伸、叠高、架空、围封、对称、间隔连接等技能设计搭建出端午节期间的热闹景象。

（2）搭建龙舟。

图 3-1-7　幼儿用乐高积木搭建的龙舟

了解龙舟外形特征，能大胆选用积木、纸盒等多种材料，运用延伸、叠高、架空、围封、对称、间隔连接等技能设计搭建出不同形态的龙舟。

6.角色扮演区

（1）粽子专卖店。

创设"粽子专卖店"，探索三角粽和四角粽的制作方法，能根据粽子的特点推销粽子，进行简单的买卖活动。

（2）香包超市。

创设香包展会，探索香包的制作方法，能根据香包特点介绍，进行简单的买卖活动。

（3）龙舟玩具店。

开设"龙舟玩具店"，探索龙舟的多样制作方法，能根据龙舟的不同种类和样式推销龙舟，进行简单的买卖活动。

六、部分活动示例

案例1：手工《独一无二的龙舟》

活动目标：

1.尝试运用画、撕、剪、贴等多种方式及不同材料与同伴共同装饰龙舟。

2.通过装饰龙舟，感知对称、色彩搭配，提升艺术表达能力。

3.喜欢参与端午节的艺术活动，增强幼儿对民族文化的认同感。

活动重点：

喜欢参与端午节的艺术活动，尝试使用不同方法及材料装饰龙舟。

活动难点：

与同伴合作装饰，感知龙舟中的对称元素及色彩搭配。

活动准备：

经验准备：知道端午节的简单习俗并看到过龙舟。

物质准备：龙舟模型，彩纸，彩笔，剪刀，胶水、教室内可用的所有低结构材料，装饰品、多媒体课件。

活动过程：

1. 初步了解观察龙舟，引发对龙舟的思考

（1）播放龙舟的视频和图片。

重点提问，引发幼儿思考和讨论。

师：为什么龙舟要装饰得那么漂亮，龙舟上都有什么？

引导幼儿观察龙舟的细节，如龙头的威武、龙尾的灵动、船身的装饰以及船桨的排列。帮助幼儿能更具体地把握龙舟的特征，为他们之后的美工创作提供视觉素材和灵感。

（2）分组讨论如何用美工制作的方式装饰龙舟。

师：如果你们变成龙舟的设计师，想创造什么样的龙舟？（幼儿自由表达）

①教师出示提供的材料：美工区的所有材料以及班级其他区域的低结构材料都可供幼儿使用。

②幼儿自由分组讨论构思想法并分享。

教师重点提问：你们想用班级的哪些材料进行装饰？装饰的时候需要注意什么？

怎样能够合作制作龙舟？怎样分工？

教师重点关注：幼儿对合作分工的想法、幼儿对色彩的选择、形状的设计、装饰元素的添加，来表达他们对龙舟的理解和感受。

2. 分组协商，分工进行龙舟的创作

幼儿分组合作创作并在班中寻找适宜的美工材料。

教师重点指导及关注：

（1）分工合作方面，例如，有的幼儿负责剪纸，有的负责绘画，有的负责寻找材料；如何通过合作来改进设计。

（2）在创作过程中，教师巡视于每个小组之间，观察孩子们的创作进度，提供必要的指导。例如，引导幼儿关注对称性，将图案均匀地分布在龙舟两侧，帮助他们解决创作中遇到的困难。

（3）教师及时给予幼儿积极的反馈，尊重每个孩子的独特想法，激发他们的创作热情。

3.小组分享展示

（1）小组分享。

师：我们一起看看每组的龙舟都有哪些特点吧，大家设计的龙舟有什么不同？

教师重点提问：你们的作品中用了哪些颜色搭配？哪些装饰是对称的？

你们在制作过程中遇到了哪些困难？最后是怎样解决的？

图3-1-8　幼儿美工制作：龙舟

图3-1-9　幼儿美工制作：龙舟

（2）教师小结。

师：每组小朋友的龙舟都各有特点，大家的色彩搭配都很漂亮，同时用到了不同的装饰材料，比如用毛球将龙的眼睛变得立体，用圆形纸片粘贴变成龙鳞，龙头和龙尾的两面花纹，装饰物是对称的，还有想象出粽子坐在龙舟上比赛，非常有趣！最后让我们和龙舟一起合影留念吧！

活动反思：

本次活动幼儿了解到龙舟的特点且积极参与制作，在"端午知多少"的活动之上进行拓展。活动中不仅让幼儿体验到了艺术创作的乐趣，还通过实际操作，提升了他们的动手能力、手工技能以及团队合作能力。同时，他们用自己独特的艺术语言表达了对传统文化的理解，达成了本次活动的目标。

在活动中借助多媒体和龙舟的实物模型支持幼儿观察龙舟的外形和细节之处，将班级所有区域的材料开放灵动使用，激发了幼儿的创想，给予了幼儿最大的材料支持。当孩子们手中那独一无二的龙舟完成时，脸上洋溢出满满的成就感；看着这些美丽的龙舟，仿佛能听见端午节的鼓声和欢笑声。

案例 2：体育《赛龙舟》

活动目标：

1. 了解赛龙舟是端午节的一项传统习俗。
2. 探索协同坐爬的基本动作，锻炼腿部力量，提高协作运用身体力量的能力。
3. 体验坚持到底、努力达成目标的成就感。

活动重点：

了解端午习俗，通过游戏提高身体协调能力。

活动难点：

掌握协同坐爬的基本动作。

活动准备：

赛龙舟的相关视频、节奏轻快的音乐。

活动过程：

1. 准备活动听音乐

（1）做模仿动作。（体育项目）

（2）游泳。（活动上肢）

（3）射击。（弓箭步，左右开弓）

（4）打乒乓球。（半蹲，体转）

（5）竞走。（全身运动）

2. "开龙舟"游戏

（1）游戏规则：幼儿自由结伴五人一组，后面的幼儿依次抱住前面幼儿的腰或者拉住衣服，蹲着向前走。

（老师只交代"开龙舟"游戏的基本玩法，让幼儿自己在玩中体验怎样使"龙舟"前进的技巧）

老师观察发现幼儿游戏中的问题：怎样让龙舟上的小朋友保持速度一致，让龙舟顺利地开起来呢？

幼儿思考发现游戏的技巧。

师：如果速度一致，有节奏地走，龙舟是不是就能开得快呢？小朋友们再试一试。

（2）幼儿再玩"开龙舟"游戏。

师：一起先出左脚，还是先出右脚？

幼儿第三次玩"开龙舟"游戏。

老师观察幼儿游戏的情况，进行个别指导。

3. 竞赛游戏：赛龙舟

师：小朋友们的龙舟开得很好，下面我们来进行龙舟赛，看哪条龙舟最先到达终点，就算胜利。

规则：幼儿五人组龙舟，并排从起点出发，开展龙舟赛。

加大难度，八人一组，十人一组组成龙舟队，再次比赛。

4.放松整理活动

随音乐模仿领奖牌、庆祝胜利等动作进行放松活动。

活动反思：

本次的活动内容"赛龙舟"选材首先考虑到了幼儿的兴趣特点，有利于调动幼儿的积极性。整个活动是从幼儿的兴趣出发，注重综合性、趣味性，寓教育于生活、游戏之中。同时，"赛龙舟"活动具有民族特点，与运动会也有相关性。在幼儿分享技巧时应给予他们更多的机会，大胆表达自己，增强自信心。

案例3：音乐《龙舟竞渡》

活动目标：

1.欣赏音乐，通过音乐的旋律和节奏，想象出赛龙舟热闹的场景。

2.尝试通过肢体动作有节奏地模仿划桨的姿势，初步建立团队合作意识。

3.愿意参加对唱活动，体验与老师和同伴对唱的乐趣。

活动重难点：

1.重点：欣赏音乐，通过音乐的旋律和节奏感受赛龙舟的热闹场景。

2.难点：建立初步的团队合作意识，通过肢体动作有节奏地模仿划桨姿势。

活动准备：

物质准备：赛龙舟的图片、视频、创设情境的装饰物。

场地准备：留出足够的空间供幼儿活动，用彩带或者软垫搭建成"河道"，在场地的另一侧，设置终点线，用以模拟比赛的终点。

活动过程：

1.创设情境，播放音乐，激发幼儿兴趣

（1）教师提问，引出主题。

师：端午节那天，湖边可热闹了，来了许多衣着漂亮的姑娘和小伙子。咦！湖面上为什么还停着许多打扮一新的龙舟？你们知道这里要举行什么活动吗？

（2）播放《赛龙舟》的音乐，做游戏，进入活动状态。

如"小脚快跑""手指划船"等，鼓励幼儿模仿划桨的动作，同时活动手脚，提高身体协调性。团队协作的游戏，如"蜈蚣走"或"传球游戏"，以培养幼儿的团队精神和协作能力。

2. 欣赏音乐与模仿

师：听——锣鼓声响起来了，比赛马上就要开始了。让我们听着音乐一起想象赛龙舟的场景吧！

（1）教师播放音乐，幼儿完整欣赏音乐。

播放音乐，幼儿边聆听音乐边想象自己在热闹的龙舟比赛中。音乐暂停时，教师引导幼儿将听到的音乐内容转化为划桨动作，比如在紧张的旋律部分模仿桨手紧张划桨，到了激昂的节奏时，则加快划桨的速度。锻炼幼儿的音乐感知能力，通过动作表现体验赛龙舟的紧张与激动。

（2）出示图片，幼儿辨认并按序摆放。

师：这三张赛龙舟的照片，请你们来看看，哪一张是比赛前准备的照片，哪一张是比赛中的照片，哪一张是比赛后的照片？

小结：原来比赛前人们会有些紧张，比赛中大家在一起努力激烈地竞争，赛后大家都高举船桨非常兴奋。那这些图片与音乐有什么关系呢？我们怎样在音乐中通过动作将图片的内容表现出来？

3. 分段欣赏，感受赛前的紧张，体验赛时的激烈（提示幼儿倾听时长时短、忽高忽低的歌声）

带动幼儿跟随音乐有节奏地模仿划桨的姿势。（在衬词演唱时，教师可做一些鼓舞士气的动作）尝试接唱第一句和第二句。

鼓励幼儿思考：为什么龙舟上的选手们要和着整齐的节奏？为什么后来越唱越快了？

师：掌声是送给谁的？如果我们来比赛，要注意怎样做？

小结：比赛时，我们要注意团结协作，听音乐节奏进行，遵守比赛规则。

4. 播放完整音乐，分组比赛

（1）幼儿自由分组，每个小组代表一条龙舟，利用软垫和小椅子作为"龙舟"，在"河道"上模拟比赛。

师：大家准备好了吗？我们也来赛龙舟，就像歌曲里唱的，比一比哪条龙舟能夺得冠军！（听音乐，模仿赛龙舟的动作开始比赛）

（2）分析夺得冠军的原因，进行第二次比赛。

当音乐播放时，幼儿跟随音乐的节奏模拟划桨，教师可作为裁判，引导幼儿根据乐曲的节奏控制划桨的速度。游戏过程中，让孩子们体验赛龙舟过程中的起航、加速、冲刺等不同阶段，通过音乐变化感受比赛的动态变化。

5. 比赛结束，分享感受和体验

师：在比赛中你们最喜欢的部分是什么？听着音乐赛龙舟你们有哪些感受？

回顾幼儿在游戏中的表现，强调他们遵守规则、团队协作和听从指挥的重要性，巩固活动目标的实现。

活动反思：

幼儿在报纸中或电视上均看到了许多有关端午节的资讯，包括吃粽子和赛龙舟。当提到龙舟竞赛，幼儿便兴奋不已，热烈讨论。通过活动，提高了幼儿的团队协作能力和音乐节奏感，同时感受到传统民间体育活动的魅力，传承中国传统文化精神。此外《龙舟竞渡》是一首旋律欢快、节奏鲜明、说唱结合的歌曲，活动中以欣赏和模仿的表现形式帮助幼儿感受到了比赛热情、激烈的景象，鼓励幼儿用身体动作表现，幼儿参与性极高，很好地达成了本次活动的目标。

案例 4：绘本《粽子里的故事》

活动目标：

1. 听故事，理解老奶奶让大家"吃了粽子讲故事"的美好愿望。

2. 尝试小组合作，结合故事情节创编简单连贯的故事。

3. 愿意与他人分享自己的故事，感受分享的快乐。

活动重难点：

1. 重点：理解老奶奶让大家"吃了粽子讲故事"的美好愿望。

2. 难点：尝试小组合作，结合故事情节创编简单连贯的故事。

活动准备：

物质准备：粽子图卡、故事情节卡片、故事书、笔、纸、录音设备。

经验准备：幼儿有过吃粽子的经验，了解端午节吃粽子的习俗。

活动过程：

1. 出示粽子图片，引出话题

出示 PPT。（粽子）

师：这是什么？你吃过粽子吗？粽子里包着什么？

今天的粽子里包着一个故事，故事的名字叫《粽子里的故事》。故事里有好玩的，也有好吃的，一起来看看吧！

2. 听完整故事，初步理解故事内容

（1）倾听完整故事内容，感受老奶奶的智慧和爱心。

师：听过故事后，你印象最深刻的是什么？

（2）回忆故事片段，出示 PPT。（小动物听老奶奶在讲故事）

教师重点提问：

①你看到了谁？他们发生了什么事情？

②老奶奶请谁吃了粽子、讲了故事呢？

小结：故事中的老奶奶把故事包进粽子，让小动物们通过吃粽子来分享故事，这体现了中国传统文化中的智慧与温情。

3. 分组观察图片讲述内容

师：你们想去老奶奶的家里吃粽子吗？接下来大家可以自由结对，选取故事图卡，根据图卡内容想象创编你们吃粽子的故事。

（1）幼儿自由分组，选取图卡和故事记录材料进行表征。（图纸绘画、录音、看图讲述）

教师重点关注：

①引导幼儿讨论粽子与故事的联系，想象自己吃粽子时会听到什么样的故事。

②创编故事语言和情节是否连贯。

③关注幼儿表征情况和合作情况，必要时给予指导。

（2）小组分享，感受分享的快乐。

教师重点提问：

①你们觉得这组小朋友创编的故事哪里最有趣？

②你喜欢故事中的哪些情节？

③怎样改动故事可以让故事变得更有趣更生动？

（3）将幼儿创编的故事展示在图书区。

4.活动小结，以游戏结束活动

师：今天大家分组合作创编了属于你们的粽子故事，每组故事内容都很有趣，也有小朋友提出了自己的想法和疑问，回家后也希望你们能与家人一起分享故事。最后我们来玩一个和粽子有关的游戏吧！

粽子传话：将幼儿分成小组，每组一个"粽子"，通过传话游戏传递故事情节的关键信息。在游戏开始时，教师将故事中的图像信息，放入粽子道具中，传给下一个幼儿，直到最后一位幼儿将信息复述出来。

活动反思：

活动中幼儿积极参与，表现活跃，通过听故事、尝试简单地创编故事及分享故事，理解老奶奶让大家"吃了粽子讲故事"的美好愿望，感受分享的快乐。幼儿在快乐的氛围中提升语言表达能力，培养团队协作精神，完成了本次活动目标。同时在教学过程中，为幼儿提供不同的记录方式，让创编故事变得更有趣味，将故事改编成新的版本，利用小组合作的方式确保每个孩子都能参与其中。请幼儿轮流讲述，积极倾听他人的故事，学会欣赏和评价，体验语言活动的乐趣。这不仅锻炼幼儿的创造性思维，也让其学会理解和尊重他人的故事，体验分享的快乐。

案例 5：数学《粽子一样多》

活动目标：

1.感知 6 以内数量的基础上学习比较 6 以内数量的多少。

2.尝试用"增加"或"减少"的方法把不同数量变成相同数量。

3.在游戏中体验数学活动的乐趣。

活动重点：

学习把不同数量变成相同数量的方法。

活动难点：

归纳几种把不同数量变成相同数量的方法。

活动准备：

1—6 的数字卡、每人 5 个三角粽子和 3 个圆筒粽子的示意图三张。

活动过程：

1. 导入游戏，激发兴趣

师幼手持粽子说儿歌："五月五 / 过端午 / 包粽子呀 / 挂菖蒲 / 赛龙舟 / 敲锣鼓 / 家家户户庆端午。"

2. 游戏一：包粽子（三角形），会准确地进行手口一致点数并说出总数（数量尽量控制在 6 个以内）

（1）老师讲解游戏的规则和要求。师幼边说儿歌边做游戏。

游戏：包粽子。老师提醒幼儿边包粽子边点数。音乐停的时候，大家都停止手的动作并说出自己包了几个粽子。

（2）请个别幼儿说说自己包的粽子数量。

（3）老师举 1—6 的数卡，每举一个数卡，请包了相应数量粽子的幼儿站起来展示一下。

3. 游戏二：变粽子，学习用"增加"或"减少"的方法把不一样多的变成一样多

（1）幼儿尝试把自己的粽子变得跟老师的一样多。

①老师出示自己粽子（数量为 5），请幼儿一起数一数，老师包了几个粽子？

②请幼儿比一比自己与老师包粽子的数量，谁多？谁少？

③启发幼儿想一想用什么办法可以变得跟老师的一样多？

④幼儿操作，老师个别指导。

⑤请幼儿说说自己用什么办法可以变得跟老师的一样多？

小结：丰富词"增加"。

（2）师幼包圆筒粽子。

①师幼在音乐声中比赛包粽子，游戏规则同上。

②音乐停的时候，停止包粽子，请幼儿轻声、快速地数一数自己一共包了几个粽子。

（3）幼儿尝试把自己的粽子变得跟老师的一样多。

①数一数老师包了几个粽子？（老师出示自己的粽子，数量为3。）

②引导幼儿想一想，用什么办法可以变得跟老师的一样多？

③幼儿操作，老师个别指导。

④请幼儿说说自己用什么方法可以变得跟老师的一样多？

老师小结：丰富词"减少"。

（4）幼儿练习用"增加"或"减少"的方法把自己的三角形粽子和圆筒粽子变得一样多。

①请幼儿比一比自己的三角形粽子和圆筒粽子，哪种多？哪种少？

②引导幼儿想一想能用几种方法把三角形粽子和圆筒粽子变得一样多。

③幼儿操作，老师个别指导。

④请个别幼儿说说自己的方法，老师出示相应的"增加"或"减少"的示意图。

4. 结束

师：小朋友真棒，可以自己想办法，通过增加或减少，将粽子变成一样多。

活动反思：

通过本次活动游戏化的学习，幼儿不仅掌握了比较和调整数量的基本技巧，也对数学产生了浓厚的兴趣，这将为他们未来的学习奠定坚实的基础。活动中幼儿认真思考，对数的认知得到提升，进一步理解数之间关系，达到了教学目标。此外，教师为幼儿提供了多种操作实物，帮助幼儿以亲身探索、实际操作获取有关数的组成经验，鼓励幼儿用所学的数学知识去解决生活中实际问题，使学与用结合起来，丰富了幼儿的经验。

主题课程实施评价：

亮点：

1. 主题活动多元化，促进幼儿各方面能力的提升。

主题活动中幼儿通过分享、交流，能认真倾听老师和同伴的讲述，乐于在集体中交流自己对端午节来历、习俗、故事的理解和感受。积极参与调查、交流、制作、讨论等活动，用多种方式表达自己对节日的经验与感受。在采摘芦苇叶、艾蒿，制作香包、包粽子、赛龙舟等实践活动中养成集中精力做事的习惯。对中草药、传统文化、民俗活动产生兴趣。

开展端午民间游戏活动中，幼儿主动探索坐、爬的基本动作，锻炼腿部力量，体验坚持到底、努力达成目标的成功感。同时端午节庆祝活动中幼儿和家长都体验到亲子之间合作交流的幸福感，共同感受民间节日特有的韵味和丰富的文化内涵。

2. 发挥幼儿主观能动性，遵循儿童主体观。

从活动来源、准备、展开等方面，以幼儿兴趣、需求、情感为主线，教师提供相应的支持和幼儿共同商讨制定活动方案。例如幼儿先自己去了解端午节的习俗与含义，感受浓浓的节日氛围和传统习俗文化带来的快乐。幼儿说可以对端午节做一个调查和设计，于是教师下发了有关端午节的调查表，抛出了三个疑问：为什么过端午节？端午节可以做哪些事情？你想怎样过端午节？鼓励家长和幼儿共同查阅资料、思考问题、设计活动。在征集了幼儿的了解及活动意愿后，发现大家对龙舟游戏和包粽子兴趣颇高，于是我们开展了"粽叶飘香"亲子活动，探索水上龙舟，利用龙舟元素设计不同的游戏。通过这样的活动方式，让孩子们了解和体验传统文化，激发了孩子们对民族文化的热爱和认同感。

阶段调整：

开展主题活动中还要注意主题内容预设与生成相结合，在幼儿不断提出的各种问题中，随时打破预设活动内容束缚，生成新的内容，提高幼儿学习的兴趣。注重幼、师、家、社多元联动，鼓励家长和幼儿搜集资料，要积极挖掘利用社会资源和家长资源。将幼儿活动的场地拓宽，不再限于教室、幼儿园，而是指向更广阔的空间——如市场、图书馆、网络等，更好地支持幼儿在活动中体验、尝试、发现和收获。

主题活动二：中班主题活动《走近侗族》

活动设计：张　瑞　吴　迪

主题来源：

　　班里有一名侗族的小朋友，一次介绍自己民族的时候，全班小朋友对侗族很感兴趣。所以在寒假里，利用家长资源，带领自己的孩子查找关于侗族的衣、食、住、节日等相关资料，并且拍照留存；侗族的小朋友正好回老家过年，从老家带回来侗族的银饰以及乐器分享给其他小朋友们，他们都很喜欢，愿意了解侗族的相关知识。

主题目标（预设目标）：

1. 愿意了解侗族这个少数民族的文化。
2. 喜欢自己的民族，知道自己民族的一些文化特点。
3. 愿意和同伴交流自己的经验、想法。
4. 能够大胆创作，爱动脑筋，思考问题。
5. 喜欢侗族的文化元素，愿意表现自己。

主题网络图：

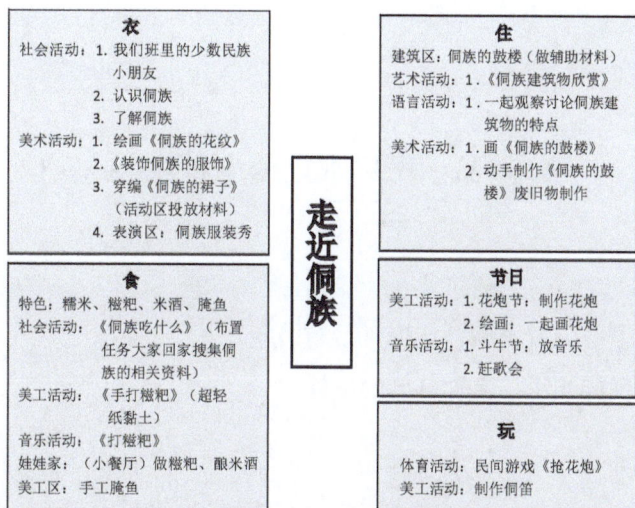

衣
社会活动：1. 我们班里的少数民族小朋友
　　　　　2. 认识侗族
　　　　　3. 了解侗族
美术活动：1. 绘画《侗族的花纹》
　　　　　2.《装饰侗族的服饰》
　　　　　3. 穿编《侗族的裙子》（活动区投放材料）
　　　　　4. 表演区：侗族服装秀

住
建筑区：侗族的鼓楼（做辅助材料）
艺术活动：1.《侗族建筑物欣赏》
语言活动：1. 一起观察讨论侗族建筑物的特点
美术活动：1. 画《侗族的鼓楼》
　　　　　2. 动手制作《侗族的鼓楼》废旧物制作

走近侗族

食
特色：糯米、糍粑、米酒、腌鱼
社会活动：《侗族吃什么》（布置任务大家回家搜集侗族的相关资料）
美工活动：《手打糍粑》（超轻纸黏土）
音乐活动：《打糍粑》
娃娃家：（小餐厅）做糍粑、酿米酒
美工区：手工腌鱼

节日
美工活动：1. 花炮节：制作花炮
　　　　　2. 绘画：一起画花炮
音乐活动：1. 斗牛节：放音乐
　　　　　2. 赶歌会

玩
体育活动：民间游戏《抢花炮》
美工活动：制作侗笛

主题版面图：

```
                  ┌─────────────────────────────────┐
              ┌──→│ 主题墙饰一：我们搜集的侗族资料      │
              │   └─────────────────────────────────┘
              │   ┌─────────────────────────────────┐
    ┌──────┐  ├──→│ 主题墙饰二：侗族的乐器            │
    │走    │  │   └─────────────────────────────────┘
    │近    │──┤   ┌─────────────────────────────────┐
    │侗    │  ├──→│ 主题墙饰三：侗族的服饰            │
    │族    │  │   └─────────────────────────────────┘
    └──────┘  │   ┌─────────────────────────────────┐
              └──→│ 主题墙饰四：我设计的侗族裙子        │
                  └─────────────────────────────────┘
```

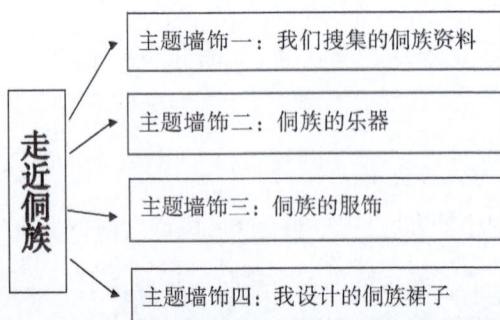

图 3-2-1 《走近侗族》主题墙面

部分活动示例：

案例 1:《我们班里的少数民族》

活动目标：

1. 认识班级里的少数民族，认识自己的民族。

2. 愿意了解民族知识，喜欢自己的民族。

活动过程：

1. 导入

师：我们是什么幼儿园？

幼1：北京市海淀区民族幼儿园。

幼2：我们是幼儿园的中一班。

师：对，小朋友说得很对，我们是北京市海淀区民族幼儿园，那你们知道自己的民族吗？

2. 认识民族

幼3：我是汉族。

幼4：我是回族的。

幼5：我也是回族的。

幼6：我也是汉族的。

幼7：我是回族的。

幼8：我是蒙古族的。

幼9：我是侗族的。

师：真棒！看来小朋友都知道自己的民族，咱们班有四个民族，汉族、回族、蒙古族和侗族，谁能介绍一下自己的民族有什么特点。

幼10：我是蒙古族，我家乡有草原，特别特别大，有羊和马，有蒙古包。

幼11：我是侗族，我们家乡的人都喜欢吃鱼，服装都特别漂亮，女生都要佩戴银饰。

师：真棒，看来小朋友对自己的民族都有了了解，那么请小朋友把你们的民族的特点画在纸上。

3. 绘画

（1）绘画创作。

（2）个别幼儿分享。

4. 结束

师：原来，咱们班有四个民族，你们可以利用过渡时间跟小朋友聊聊自己的民族有哪些特点。

案例 2:《走近侗族》

活动目标:

1. 幼儿了解侗族的基本特征、服装服饰的特点。

2. 引起幼儿兴趣,深入了解侗族。

活动重点:

认识侗族,了解最基本的侗族的饮食起居。

活动难点:

激发幼儿对侗族的兴趣。

活动准备:

幼儿假期探索的与侗族相关资料。

活动过程:

1. 开始部分

(出示图片)

师:我们看看这是什么民族的小朋友?

幼 1:我觉得是回族的。

幼 2:我觉得是侗族的。

幼 3:我觉得是蒙古族的。

幼 4:我觉得是苗族的。

师:嗯,有一个小朋友说对了,这个是侗族小朋友,咱们班也有侗族小朋友。那么请问,他们的服装跟我们有什么不一样?

2. 介绍侗族的文化

幼 5:他们有装饰品,项链什么的很漂亮。

师：不错，还有没有？

幼6：他们的衣服都是有花纹的。

幼7：他们的衣服没有拉链，还是不一样的扣子，像唐装似的。

师：小朋友们观察得很仔细！侗族人身上佩戴的是银饰——手镯、项链，或者是项圈，这是他们的一种文化习俗；另外他们的衣服上的花纹是刺绣上去的，扣子也是他们流传下来的样式。下面请其他小朋友说说你在假期里搜集了哪些关于侗族的知识。

幼8：侗族有花炮节、斗牛节。

幼9：侗族的乐器有牛腿琴、芦笙，都是侗族特有的乐器。

幼10：侗族的房子大多是鼓楼，房顶是尖尖的。

幼11：侗族人比较喜欢吃酸味的食物和鱼。

师：小朋友们都知道这么多关于侗族文化的知识，真棒！那么下面请你们将自己搜集的知识画出来，一会儿我们来分享。

3.结束

师：小朋友都能够把自己知道的画出来，真的很棒！今天把你们所知道的关于侗族的文化知识，带回去给爸爸妈妈也讲讲。

案例3:《绘制侗族的花纹》

活动目标：

1.认识侗族，了解侗族的花纹。

2.喜欢画画，并能够愿意大胆地创作。

活动准备：

侗族的花纹图片、彩笔、画纸、油画棒。

活动过程：

1.导入

师：今天老师拿了一件衣服，大家看看这件衣服有什么特点？

幼1：这件衣服很好看。

幼2：这件衣服的颜色很好看。

师：仔细看看还有什么特点。

幼3：这件衣服用的不是拉链，是扣子。

幼4：这件衣服上有花纹。

幼5：这件衣服上的图案很特别、很好看。

2. 了解侗族的花纹

师：小朋友们说得很对，这件衣服最大的特点就是有花纹，会是哪个民族的呢？

（出示图片）

师：猜一猜是什么民族的？

幼6：我觉得是苗族的。

幼7：我认为是回族的。

幼8：我觉得很像侗族的衣服，我见过这样的花纹。

师：嗯，这个是侗族的花纹，看看它有什么特点？

幼9：花纹里的图案是对称的。

幼10：花纹都是一样的，很好看。

幼11：花纹可以是很多颜色放在一起。

师：既然小朋友们都能说出花纹的特点，那么请小朋友们根据侗族的花纹，设计出自己喜欢的花纹。

3. 绘画创作

教师巡回指导。

4. 结束

师：小朋友们设计的花纹都很棒，想想我们的花纹可以用来装饰什么，现在你们先别说，一会儿到户外活动时告诉我。

图 3-2-2　幼儿设计并绘制侗族花纹

案例 4:《我设计的侗族裙子》

活动目标:

1. 幼儿喜欢画画,积极参与美工活动。

2. 幼儿根据侗族服饰的特点,设计侗族裙子。

活动准备:

水彩笔、白纸、侗族服装、操作工具材料。

活动过程:

1. 开始部分

(出示图片)

师:请小朋友看看这条裙子是什么样子的? 花纹是什么样子的?

幼1：这条裙子很漂亮，有形状不一样的花纹。

幼2：裙子的花纹有的像波浪。

幼3：有的是三角形，都不一样。

幼4：裙子的颜色以红色、黑色为主，很漂亮。

师：既然小朋友们都知道侗族裙子的样式，那么请你们设计一条裙子，并用笔和纸画下来。

2. 创作部分

师：提示一下，拿到纸，先把裙子的外形画出来，然后画出你们所设计的裙子。保护好画面卫生，要求涂得饱满、均匀。

幼儿分享交流。

3. 结束部分

师：今天小朋友们都创作出了很漂亮的裙子，给自己鼓鼓掌！今天把作品带回家，分享给爸爸妈妈。

图 3-2-3　我设计的侗族裙子

案例 5：《侗族：小阿哥》

活动目标：

1. 初步了解侗族、苗族的音乐特点。
2. 能在老师的带领下感受侗族、苗族舞蹈的基本舞步。

活动准备：

侗族、苗族音乐、舞蹈视频。

活动过程：

1. 热身练习

主要活动幼儿腿部后侧韧带，避免腰部、脚踝与手腕受伤。

2. 主体部分

（1）引入侗族音乐《小阿哥》，让幼儿感受音乐的特点，是欢快的还是缓慢的。

师：今天让我们来看看侗族的舞蹈是什么样的。

（2）播放舞蹈视频。

幼 1：侗族的音乐比较轻快，跳起来特别好看。

幼 2：侗族音乐里应该会有芦笙、牛腿琴一些乐器演奏。

师：小朋友们说得都非常好，我们一起来学一学。首先舞蹈姿势准备，站立姿势，身体形态。

（3）舞蹈《小阿哥》

师：基本动作：

①顶胯左右

②手的姿态

③拍手屈膝

④组合

3. 结束

师：小朋友们都很棒，动作教了几遍就会了，但是要把动作做规范，这样就更有侗族的味道了。

主题活动三：中班主题活动《阿凡提餐厅》

活动设计：张　唯　王　琰　梁淇雅

主题活动来源：

我们中四班的民族文化园民族小餐厅——阿凡提餐厅（孩子们起的名字）开展得红红火火！

对于幼儿角色的知识构建，必须由儿童通过自己的操作活动去完成。因此，活动区域的创设不仅仅是多增设一个区，更重要的是创设能鼓励幼儿自由选择、便于操作、大胆探索的环境，从而更好地促进幼儿身心全面和谐地发展。因为日常饮食对于幼儿来说，是重要而熟悉的日常生活内容之一；餐厅饭店，是孩子们经常接触的生活场所，他们对于角色游戏已经积累了很多的经验，能够主动地、很好地参与到游戏中，相互之间有丰富的角色语言进行互动，能根据游戏情境大胆地表达，生动地表现自己所扮演的人物角色，反映自己对现实生活的理解和认识，所以中四班"阿凡提餐厅"就应运而生。

主题活动目标：

1. 鼓励幼儿表达自己想法，学习与同伴协商确定游戏主题。

2. 通过竞选或自荐等不同方式，引导幼儿选择和分配游戏角色。

3. 学会制定和遵守游戏规则，让游戏更加顺利地展开。

4. 学习自主更换角色，在解决问题的过程中推进游戏开展。

5. 通过游戏后的整理，成为游戏的一部分。

6. 通过游戏后的评价小结，促进孩子游戏水平的提高。

7. 用自己独特的方式表达对社会的理解与认知，学会合作和解决问题的能力。

准备：

1. 餐厅的主要设施：厨师操作台、原料摆放柜、餐桌、餐椅、火锅、蒸笼、收银台、微波炉等。前面六项是幼儿园采购的，后面的是我利用废旧纸盒改造的。

2. 厨师服、服务员用的小围裙与头巾。

3. 制作各种半成品，将其投放到材料筐里。如：麻辣烫、海带结、面条、用布缝制的包子、饺子等。

主题活动网络图：

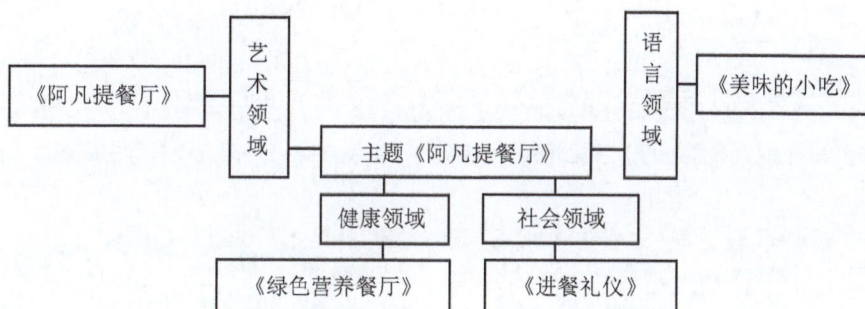

```
《阿凡提餐厅》 ── 艺术领域                    语言领域 ── 《美味的小吃》
                      │                          │
                      └── 主题《阿凡提餐厅》 ──┘
                           │            │
                       健康领域      社会领域
                           │            │
                    《绿色营养餐厅》  《进餐礼仪》
```

主题版面图及目标：

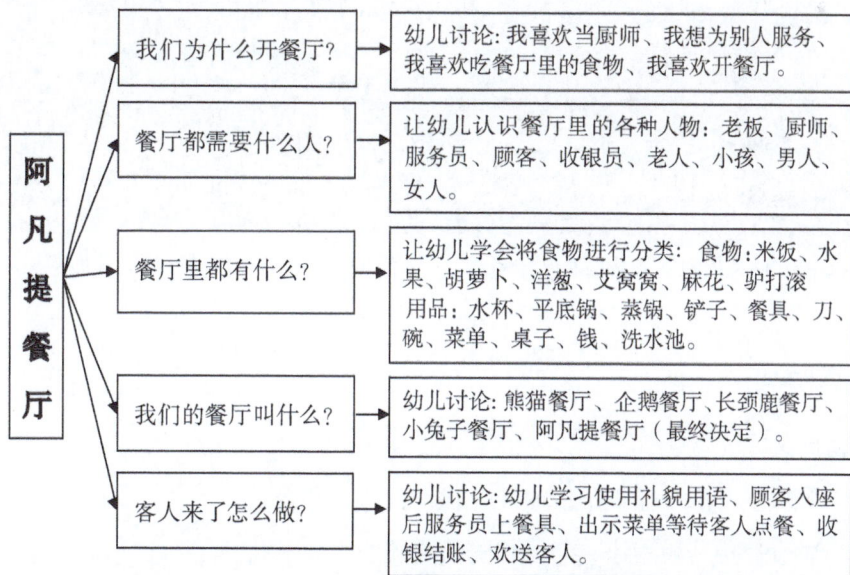

阿凡提餐厅		
	我们为什么开餐厅？	幼儿讨论：我喜欢当厨师、我想为别人服务、我喜欢吃餐厅里的食物、我喜欢开餐厅。
	餐厅都需要什么人？	让幼儿认识餐厅里的各种人物：老板、厨师、服务员、顾客、收银员、老人、小孩、男人、女人。
	餐厅里都有什么？	让幼儿学会将食物进行分类：食物：米饭、水果、胡萝卜、洋葱、艾窝窝、麻花、驴打滚 用品：水杯、平底锅、蒸锅、铲子、餐具、刀、碗、菜单、桌子、钱、洗水池。
	我们的餐厅叫什么？	幼儿讨论：熊猫餐厅、企鹅餐厅、长颈鹿餐厅、小兔子餐厅、阿凡提餐厅（最终决定）。
	客人来了怎么做？	幼儿讨论：幼儿学习使用礼貌用语、顾客入座后服务员上餐具、出示菜单等待客人点餐、收银结账、欢送客人。

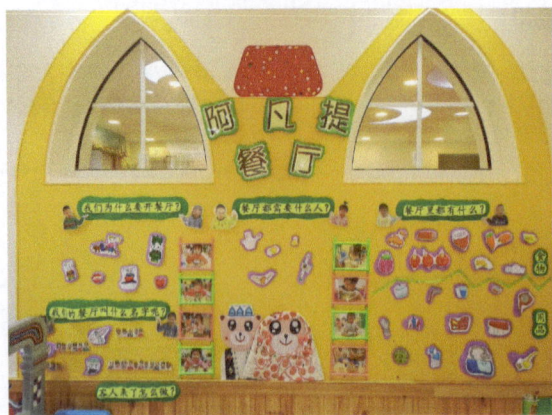

图 3-3-1 《阿凡提餐厅》主题墙面（全部）　　图 3-3-2　阿凡提餐厅主题墙面（局部）

图 3-3-3　阿凡提餐厅主题墙面（局部）　　图 3-3-4　阿凡提餐厅主题墙面（局部）

区域活动：

1. 角色区

（1）提供餐厅内工作人员的服装，供幼儿进入角色。

（2）学会使用礼貌用语，与同伴进行交流。

2. 美工区

（1）幼儿能够大胆、自信地制作麻团、麻花、豌豆黄等清真小吃，体验美工活动的乐趣。

（2）探索制作不同小吃的方法，学习团圆、压扁、搓条等泥工技能。

（3）孩子们能积极主动、认真专注地制作美味的民族小吃，对制作活动有浓厚的兴趣。

3. 图书区

欣赏故事《阿凡提》。

4. 表演区

（1）表演歌曲《民族歌舞》。

（2）幼儿学会用半成品打扮自己。

5. 建筑区

（1）学习搭建生活中的民族建筑。

（2）运用排列、组合、接插、镶嵌等技能建构民族建筑。

图3-3-5　幼儿在表演区装扮

图 3-3-6　建筑区：我搭建的民族餐厅

图 3-3-7　建筑区：我搭建的民族餐厅

图 3-3-8　建筑区：我搭建的民族餐厅

图 3-3-9　建筑区：我搭建的民族餐厅

图 3-3-10　建筑区：我搭建的民族餐厅

家长参与：

请家长帮助孩子寻找有关民族饮食文化的书籍、图片、网站、资料等，并且利用周六、周日带幼儿去观赏民族的建筑、品尝民族小吃，有条件的可以带孩子去民族餐厅参观一下厨房的运作流程。

主要活动示例：

案例1：社会《进餐礼仪》

活动目标：

1. 通过学习，让幼儿认识中国的饮宴礼仪，认识用餐的上菜顺序。

2. 在进餐过程中实践所学的礼仪，从而培养幼儿良好的进餐习惯。

3. 让家长配合，在家进餐时也让幼儿"练习"，让幼儿在实践中养成良好的行为习惯。

活动重难点：

1. 重点：让幼儿学习中国的用餐礼仪。

2. 难点：幼儿能做到学以致用，培养良好的用餐礼仪。

活动准备：

1. 视频。

2. 图片。

活动实录：

1. 介绍中国传统的饮宴礼仪——上菜的顺序

师：小朋友，你们和大人们在餐厅吃饭的时候，知道上菜的顺序吗？

幼1：我知道！先是凉菜，接着是热菜。

幼2：我知道，是最后上主食。

幼3：老师，我们昨天就去吃啦。妈妈还特意强调说甜品是最后才上的。

师：对！中餐一般讲究先凉后热，先炒后烧，咸鲜清淡的先上，甜味、浓味的后上，最后是主食和甜点。

凉菜——冷拼，花拼。

热炒——选用滑炒、软炒、干炸、爆、烩、烧、蒸、浇、扒等组合。

大菜——指整只、整块、整条的菜肴，比如一只全羊、一大块牛肉什么的。

甜菜——包括甜汤，如冰糖莲子、银耳甜汤等。

主食——米饭、馒头等。

点心——包括糕、饼、团、粉，各种面、包子、饺子等。

水果——爽口，消腻。

2.讲解进餐礼仪

客人入席后，不要立即动手取食。而应待主人打招呼，由主人举杯示意开始时，客人才能开始；客人不能抢在主人前面。

幼4：老师，我们家请叔叔吃饭的时候，叔叔都说小孩没事，饿了就先吃，大家都在让我。

师：那你也不能先动筷子喔！这是客人说的客气话，我们要学会等待，做一个讲文明、懂礼貌的孩子。

夹菜要文明，应等菜肴转到自己面前时，再动筷子，不要抢在邻座前面，一次夹菜也不宜过多。使用筷子不能交叉；夹菜应先拣离自己最近的菜下箸，夹菜时不要在碗碟里乱翻找。

幼5：老师，那是要等到菜转到自己的面前再夹吗？

师：对喽！如果是你很喜欢的一道菜，你要等到别人夹完了，餐盘转到你自己的面前再夹，这是礼貌。

要细嚼慢咽，这不仅有利于消化，也是餐桌上的礼仪要求。绝对不能大块往嘴里塞，狼吞虎咽，这样会给人留下贪婪的印象。不要挑食，不要只盯住自己喜欢的菜吃，抑或是急忙把喜欢的菜堆在自己的盘子里。

用餐的动作要文雅，夹菜时不要碰到邻座，不要把盘里的菜拨到桌上，不要把汤泼翻，更不要发出不必要的声音，如喝汤时"咕噜咕噜"，吃菜时嘴里"叭叭"作响，这都是不礼貌的表现。不要一边吃东西，一边和人聊天。嘴里的骨头和鱼刺不要吐在桌子上，可用餐巾掩口，用筷子取出来放在碟子里。掉在桌子上的菜，不要再吃。进餐过程中不要玩弄碗筷，或用筷子指向别人。更不要用手去嘴里乱抠。汤和食物如果太热，不可用嘴吹。等汤和食物晾凉了，再去吃。

幼6：老师，也不能用筷子敲碗和盘子，我上次就被妈妈说了，妈妈说这也是不礼貌的行为。

师：你妈妈说得很对。

3.观看用餐的视频

教师播放用餐过程中行为不正确的视频。

＊教师为幼儿指出错误，并引导幼儿改正不正确的行为。

4.开饭

待幼儿中午开饭，准备进餐时，教师提出要求，观察幼儿的进餐情况。

饭后再做点评。奖励做得好的幼儿，让他们在以后的进餐中也能保持好的用餐礼仪。

活动反思：

这节教育活动的内容是用餐的礼仪，我在最后一个环节让幼儿亲身感受进餐的情境，但是幼儿园中的用餐，并不是圆桌用餐，所以安排得不太合适。

案例2：健康《绿色营养餐厅》

活动目标：

1.培养幼儿爱吃蔬菜、多吃蔬菜的意识和习惯。

2.引导幼儿学习配菜及自主取放工具、材料。

3.培养幼儿与他人分享、合作的社会品质及关心他人情感的能力。

活动重难点：

1.重点：学习配菜及自主取放工具、材料。

2.难点：培养分享、合作及关心他人情感的能力。

活动准备：

1. 物质准备：盘子、碗若干，香料、酱油、醋、香油、鸡精等各种拌凉菜的调料。围裙、抹布、萝卜、黄瓜、青菜等多种已切好的蔬菜块；筷子、牙签。

2. 经验准备：幼儿在小餐厅角色区玩过拌凉菜的游戏，并知道凉菜有一定营养价值。

3. 家长参与。

活动实录：

1. 请小餐厅幼儿讲述推出的菜（凉拌菜）及理由，并引出活动

师：你们为什么要在活动区拌凉菜呢？

幼1：因为现在是夏天，夏天天气热，吃凉菜解暑，而且特别爽口！

师：好，今天我们就请来了一位大厨师教我们拌凉菜。

2. 请家长为幼儿展示拌菜的过程及方法，激发幼儿动手实践的兴趣

（当头戴厨师帽的家长出现在孩子们面前）

幼1很惊奇地问：哇！原来孙叔叔是个大厨师呀！你一定会做好多好吃的吧？

孙：是呀！今天叔叔就是来教你们做凉菜的。

（孙叔叔给幼儿一步步演示拌凉菜的过程并讲述注意事项。）

3. 幼儿做准备工作

（家长做完之后请幼儿品尝。）

幼2点头称赞："好吃！好吃！"于是，孩子们都争先恐后地想品尝。

师："孩子们，孙叔叔给咱们拌的凉菜这么好吃，你们是不是也想来自己试试拌凉菜？咱们看谁拌的凉菜最好吃、最棒、最受大家欢迎！"这一提议得到幼儿的一致同意。

师：请你们想一想在拌凉菜之前，我们应该做哪些准备工作？

幼3：我们应该先去洗手。

幼4：做饭要系围裙。

师：请你们先去洗手，再来找老师系围裙，然后你们再去选择合适的材料。

4. 幼儿进行操作，教师及家长巡回指导

拌菜过程中，孩子们一边往菜里添加佐料，一边交流自己的"成果"。

幼 5：哎！我的菜是不是甜味不够？

幼 6：那你就得再加点糖！

幼 7 自言自语：太淡了，应该再加点盐！

孙：你放鸡精了吗？鸡精要先放，拌好的菜才鲜。

（当孩子有疑惑或遇到困难时，教师和家长及时给予帮助。）

5. 幼儿相互品尝，感受味道

师：孩子们，你们真能干，每个人都亲自拌了一次凉菜，现在让我们尝尝好吃不好吃。

*孩子们兴致勃勃地品尝起来。同桌的幼儿一边交流自己做菜的经过，一边互相用牙签品尝着对方的拌菜。

幼 8：我觉得我的菜没你的好吃，你尝尝缺什么味道？

幼 9：哇！太甜了，放点醋就好了，来，我来帮你放！

幼 10：哎！你尝尝我的凉菜，太酸了。

幼 11：刚一尝就被酸得直流口水，咂着嘴说：你快放糖！酸死了！快！放糖就不酸了，我刚才放了糖。

（幼儿在品尝中不断交流着拌凉菜的经过及味道，并向对方提出更好的建议。）

6. 活动延伸

请幼儿讲述自己如何才能把凉菜做得更加可口，既不酸也不甜，既不淡又不咸，进一步给幼儿讲述营养均衡的知识。

活动反思：

1. 活动中的优点

能够从幼儿游戏时发现有价值的教育契机与内容，并将其转为集体教育活动，较好地满足了幼儿的需要，有效地促进了幼儿的发展。

2. 活动中的不足

本次活动由于关系到幼儿"进口"环节饮食卫生，所以还应该向幼儿提出严格的卫生要求，选择更适宜的场地，比如可以直接带几个幼儿到厨房亲自体验拌凉菜，完善操作步骤，使活动开展更加符合卫生保健的要求。

案例 3：艺术手工《阿凡提餐厅》

活动目标：

1. 能选择合适的材料制作餐厅的蔬菜及菜肴。

2. 知道多吃蔬菜有益身体健康。

3. 享受角色扮演的乐趣。

活动重难点：

1. 重点：幼儿能够选择合适的材料制作餐厅的菜品。

2. 难点：幼儿在区域活动时，能够顺畅交流。

活动准备：

1. 知识经验准备：各种蔬菜的营养价值。

2. 物质准备：餐厅场景；橡皮泥若干，水粉颜料、排笔、调色盘、彩墨、盘子、色纸、油画棒、宣纸；各种菜肴、围裙、帽子、餐票、话筒等。

活动实录：

1. 以谈话引入，激发幼儿的兴趣

师扮演小白兔入场："小白兔，白又白，两只耳朵竖起来，爱吃萝卜爱吃菜，蹦蹦跳跳真可爱。小朋友，你们好，我是小白兔，你们知道我喜欢吃什么吗？（引出吃蔬菜）

幼 1：胡萝卜。

幼 2：青菜。

幼 3：兔粮。

师：你们知道吃蔬菜有什么好处吗？请你和旁边的小朋友轻轻地说一说。

幼儿自由讨论。

幼 4：肠胃蠕动，可以拉屁。

幼 5：眼睛更亮。

幼6：防癌。

幼7：清肺。

幼8：去火。

教师（出示苦瓜、生姜、大蒜、辣椒等食物）针对幼儿在讨论过程中有争执的、幼儿不敢吃的蔬菜，在教师的引导下讨论总结。（菠菜、芹菜、胡萝卜等含有丰富的维生素A，能预防癌症；苦瓜虽苦，但清凉降火；生姜、大蒜、辣椒等虽辣，但具有杀菌的作用。）

2.幼儿讨论开办阿凡提餐厅需要做的准备

我们可以怎么布置我们的餐厅环境？

师：蔬菜有这么多的营养啊！现在我（小白兔）想办绿色蔬菜餐厅，可我不知道要准备什么。小朋友能不能帮我想想，我们应该怎么布置阿凡提餐厅的环境呢？

幼儿自由讨论。（主要以准备桌椅、餐具、壁画装饰环境，小舞台布置，整个绿色蔬菜的特色挂饰等为主）

小朋友们准备做什么可口的菜？

师：布置好餐厅之外，我们还要准备什么呢？

幼9：食物。

师：那我们要准备哪些食物？

幼10：蔬菜。

（橡皮泥制作各种蔬菜）

可以怎样分工？

师：我们要准备这么多的材料，我们应该怎么来进行准备比较好？（引导幼儿进行分工合作）

3.幼儿分组制作，鼓励幼儿用自己喜欢的美术方式大胆表现

师：刚才小朋友帮我想了好多的好点子，今天我也帮小朋友准备了许多材料（材料介绍：目的、制作方法），现在小朋友一起来帮忙，你们准备好了吗？

一组：提供橡皮泥、盘子等，让幼儿制作各种蔬菜拼盘。

二组：提供水粉颜料、排笔、调色盘、色纸等，让幼儿绘画蔬菜，并用水粉进行装饰，制作表演头饰。

三组：提供彩墨、宣纸、调色盘、油画棒等，让幼儿合作制作蔬菜壁画，装饰

餐厅。

4. 游戏活动：阿凡提餐厅

讨论角色分配（服务员、演员、顾客、厨师）

师：我们的绿色蔬菜餐厅就要营业了，除了布置餐厅之外，还需要什么？

幼11：厨师。

幼12：客人。

幼13：服务员。

分角色游戏

师：我们为这些服务人员准备了服装和道具，他们已经准备就绪了，我们的阿凡提餐厅正式开始营业啦。

*幼儿进行游戏，教师重点指导服务员和顾客间的交流及餐厅演员与顾客的互动，促进幼儿间的交往。

*教师扮演记者自由采访：喜欢这里的用餐环境吗？为什么？（这里都是绿色蔬菜，有免费的表演可以观赏，还有抽奖等活动。）

*游戏结束，收拾整理活动环境。

活动反思：

此次教育活动的内容比较多，为了满足幼儿的更多需求，让幼儿有更多的体验，这次活动持续时间较久。如何让幼儿充分体验？经过这次的讨论，幼儿提出把它作为本班的角色区，既增加了幼儿间的互动，也能够引申到区域间的合作。

图 3-3-11 幼儿的"阿凡提餐厅"游戏

案例 4：语言《美味的小吃》

活动目标：

1. 学习用简单的句子完整、连贯地表述事物的主要特征。

2. 通过学念儿歌，引导幼儿了解清真小吃，并说出自己知道的小吃名称。

3. 愿意在集体面前讲述。

活动重难点：

1. 重点：学习用简单的句子完整、连贯地表述事物的主要特征。

2. 难点：通过学念儿歌，引导幼儿了解清真小吃，并说出自己知道的小吃名称。

活动准备：

活动前请家长丰富孩子关于清真小吃的知识，并收集相关图片带来幼儿园。

活动实录：

1. 认识我们自己身边的人、物、事

师：小朋友你们知道自己是哪个民族的人吗？

幼 1：我是回族的，我们吃清真食品。

幼 2：我是满族的。

幼 3：我是汉族人。

师：我们生活的这个城市叫什么名字？

幼 4：北京。

师：在这个城市有很多好吃的东西，你们知道北京有哪些小吃？

幼 5：北京小吃。

幼 6：新疆小吃。

2. 清真小吃

幼儿自由介绍自己知道的清真小吃，然后教师小结。

幼 7：豌豆黄。

幼 8：糖卷果。

幼 9：艾窝窝。

幼 10：馓子。

今天老师也带来了一些小吃图片，请小朋友们看看都是些什么小吃。

有的小朋友说图上的是 ×× 小吃，有的小朋友说是 ×× 小吃。到底这些是什么小吃呢，一首儿歌里说到了这些小吃，儿歌的名字叫《美味的小吃》，让我们来一起听一听。

3. 欣赏儿歌

教师示范朗诵儿歌，提问：儿歌的名字叫什么？儿歌里说到了哪些美味的小吃？

教师再次示范朗诵儿歌，按顺序出示小吃图片并引导幼儿把小吃名称和图片对应起来，巩固幼儿对这几种小吃的认识。

4. 朗诵儿歌

教师完整教念儿歌。

幼儿朗诵儿歌。

5. 仿编儿歌

你们还吃过哪些美味的小吃，味道怎么样？（根据幼儿讲述出示相关图片）

6. 小结

幼儿讲述内容：我们吃过的小吃还有很多，有……而且这些小吃味道都很美，让我们一起把这些美味的小吃都编到儿歌里。

活动反思：

因为是初次学习儿歌，幼儿对儿歌中所说的小吃名称还不太熟悉，加之我考虑到幼儿的个体差异，特此设计了儿歌仿编的这一环节，扩大了孩子语言发展的空间。从最后的效果来看，孩子们的经验都得以有效提升。

主题活动反思：

此次园本主题背景下的"阿凡提餐厅"区域活动，从幼儿的发展出发，根据幼儿发展水平的差异，创设满足孩子需要的心理自由与安全的宽松环境。提供数量充足、种类齐全、可操作性强、具有探索价值、难度适宜的活动材料让幼儿自由创作，反复摆弄，引发自主游戏，使其身心得到了发展，并激发了中班幼儿的合作能力。

主题活动四：大班民族主题活动《欢乐度重阳》

活动设计：崔惠冉　翟　卉

主题活动背景：

图 3-4-1　幼儿表演《爷爷为我打月饼》

通过中秋节中的活动《爷爷为我打月饼》，幼儿了解到老红军爷爷在艰苦的岁月里，还为娃娃们打月饼的感人故事，激发了幼儿怀念红军爷爷，尊敬老人的情感。

恰逢农历九月初九是我国的重阳节，又叫"老人节"，尊老、敬老是中华民族的传统美德。于是，重阳之旅就这样开始了。

主题活动目标：

1.知道重阳节是我国的传统节日，了解重阳节相关的习俗、诗词、故事。

2. 了解重阳节传统美食及部分美食的简单制作方法，知道均衡营养对身体健康的重要性。

3. 能够积极参与重阳节期间的登高、远足等活动，锻炼身体的协调性和耐力。

4. 喜爱重阳节的童谣、传统故事，与家人和同伴大胆交流有关内容。

5. 感知长辈对自己的爱与付出，对长辈提出的建议乐于接受，并能体会其中的良苦用心。

6. 乐意参与重阳节的相关游戏活动，尝试运用多种方式表达对老人的关爱和节日的祝贺。

7. 能依据所处情境使用恰当的语言，有礼貌地与长辈说话。

8. 能主动陪伴老人参加体育活动，了解老人的运动方式与幼儿自己运动方式的区别，感知老人身体的变化。

主题活动网络图：

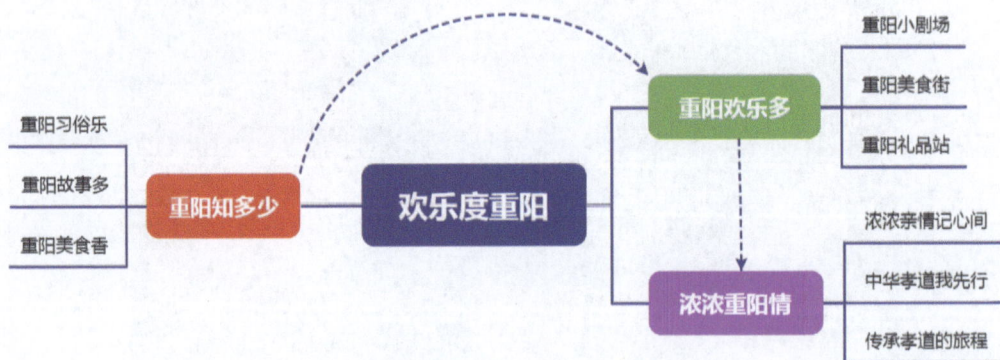

图 3-4-2　主题活动网络图

第一阶段，以兴趣引导幼儿进行自主探索，注重唤醒其原有经验，以了解重阳节习俗为基础，结合集体教学、区域活动、家园共育开展探索活动。例如，记录幼儿和家中老人的故事，让幼儿在表演区将故事内容设计成剧本并进行演出活动等，从而让幼儿加深对重阳节的了解，激发其对老人的敬爱之心，并逐步深入拓展至第二阶段。

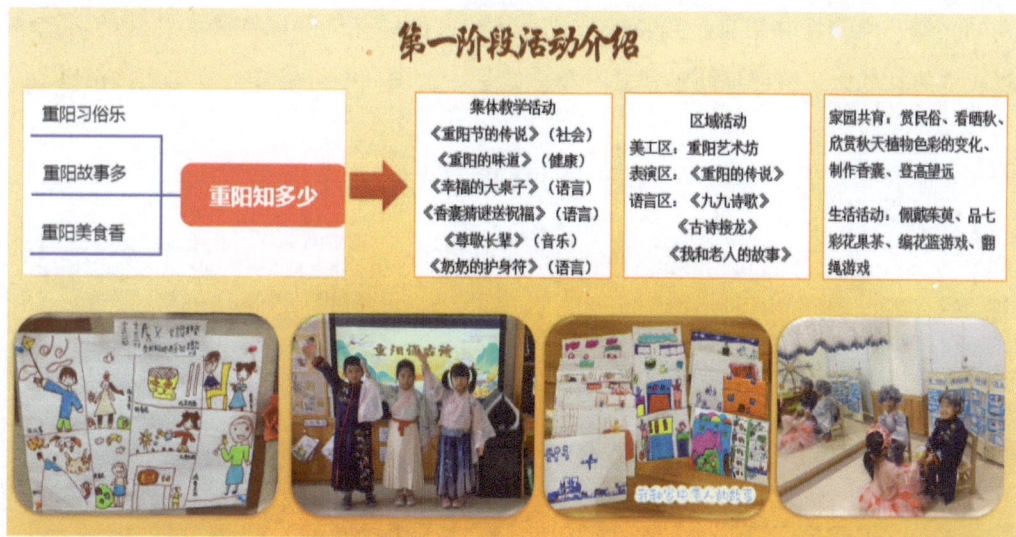

图 3-4-3　第一阶段活动介绍

　　第二阶段，以"实践、体验、模拟"等游戏化的形式，支持幼儿感受重阳节的文化。例如，组织开展制作重阳糕，探索重阳茶文化，同时开展"乐重阳"大型体验活动，为幼儿搭建平台，让其他幼儿也能体验重阳节习俗，宣传爱老敬老的传统。

图 3-4-4　第二阶段活动介绍

　　第三阶段，把游戏中获得的经验与儿童生活衔接，注重通过游戏的方式支持幼儿表达与实践。例如，有的幼儿化身为小记者或侦探调查记录老人的生活，了解老人的兴趣、愿望，并用自己独特的方式表达；有的幼儿选择以视频和照片的形式讲解；有的幼儿以班级播报站的形式分享。之后，再深入制订陪伴计划与实践活动。

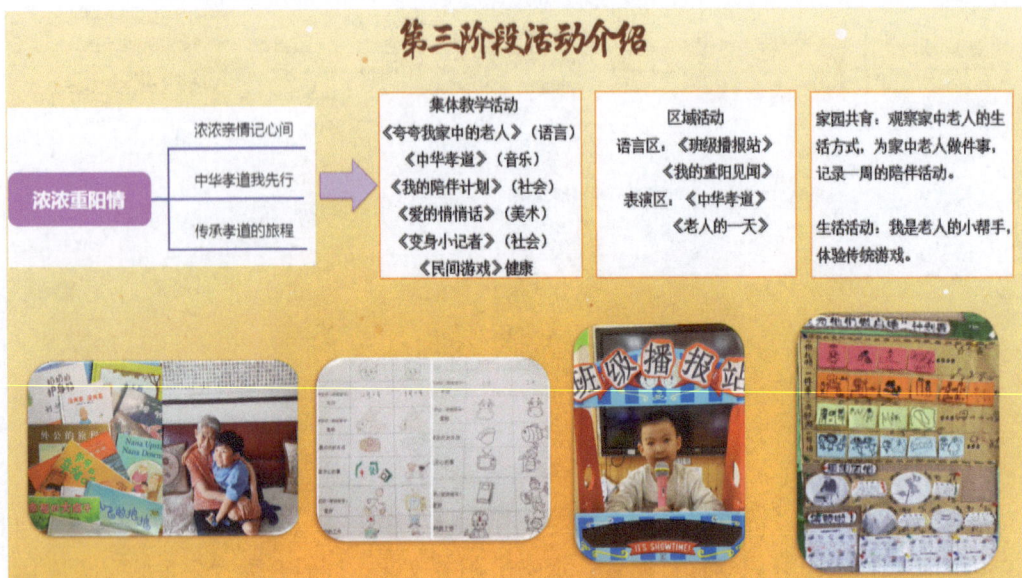

图 3-4-5　第三阶段活动介绍

主题游戏实施策略：

1. 充分挖掘节日教育中多元化和趣味化内容

重阳节文化内容丰富多彩，这其中就包括古老的故事、抑扬顿挫的童谣等，这些多元化的文化更符合幼儿的心理需求和特征，从而吸引他们。此外，丰富多样的节庆活动，如：制作花卉荷包、赏菊、做花糕等都足以引起幼儿的兴趣，这些实际的体验活动更能使幼儿产生强烈的认同感并能积极主动地参与到重阳节的游戏活动中，从中掌握重阳节带来的教育内容。

2. 根据幼儿年龄特点设置个性化游戏板块

民族游戏是我国传统文化的重要组成部分。如重阳节习俗当中的"放纸鸢""插茱萸""登山望远"等可以直接运用于室内外的游戏活动中，同时在游戏过程中鼓励幼儿积极创编新玩法，给民族游戏不断注入新的时代气息。

此外，区域游戏中教师还能以此为契机丰富传统文化元素，如结合重阳节所属的季节特点，幼儿收集花瓣、落叶，在扎染区开展植物印染、绣荷包的游戏；在表演区幼儿用手工自制的小木偶表演木偶戏《重阳传说》，从游戏中加深对重阳节的认知。

3. 把经验链接儿童的生活深入拓展

关注游戏中新经验的融入，使幼儿的真实生活和游戏有效对接，促进幼儿主动学习发展。积极为幼儿创设条件，引导幼儿在游戏中嫁接生活经验，使游戏促进幼儿的认知和社会行为的迁移，在新经验中实现成长。如：我班开展的"重阳礼品奇缘"游戏中，依据重阳节为老人送祝福的传统，孩子会根据经验，往准备的礼品里面放入开心果，寓意开开心心；放菊花茶，寓意长长久久；放香囊，寓意健康顺利。向家中老人表达美好祝愿，传达浓浓情意。

部分活动示例：

体育《登山插茱萸》

活动目标：

1. 能够结合重阳节习俗中的登山、插茱萸等活动与同伴共同设计体育游戏，并合作解决游戏当中的问题。

2. 积极探索利用户外玩具进行组合，垒高等，练习有关攀爬、平衡、投掷等动作。

3. 喜欢参与体育创新游戏的活动，体验合作游戏带来的挑战与快乐。

活动重难点：

重点：结合重阳节习俗中的登山、插茱萸等活动与同伴共同设计体育游戏。

难点：尝试创新游戏，合作解决游戏当中的问题。

活动准备：

1. 经验准备

知道重阳节的习俗，如登山、插茱萸。

2. 物质准备

纸、笔、户外游戏器材（梯子、鞍马、木板、轮胎）。

图 3-4-6　物质准备

活动过程：

1. 导入环节，回忆重阳节习俗，引出话题

教师提问：我们曾经利用重阳节习俗创编了哪些游戏？

幼儿通过语言表达的方式进行简单的回顾。

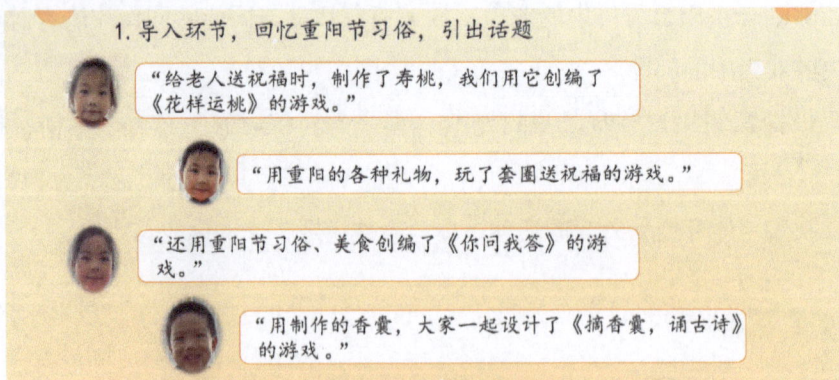

1. 导入环节，回忆重阳节习俗，引出话题

"给老人送祝福时，制作了寿桃，我们用它创编了《花样运桃》的游戏。"

"用重阳的各种礼物，玩了套圈送祝福的游戏。"

"还用重阳节习俗、美食创编了《你问我答》的游戏。"

"用制作的香囊，大家一起设计了《摘香囊，诵古诗》的游戏。"

图 3-4-7　幼儿表述

2. 激发幼儿创新欲望，尝试设计游戏

此环节中教师提出问题激发幼儿思考："大家还能结合重阳节的哪些习俗创编体育游戏？"

在幼儿回答后，我们一起统计出大家都比较想尝试的习俗活动结合登山和插茱萸设计游戏。

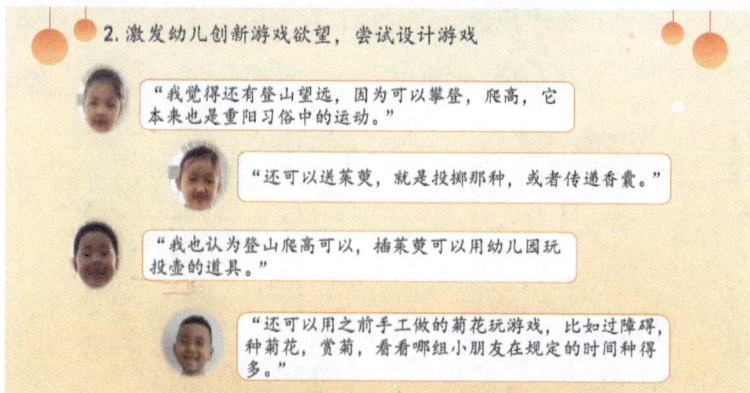

2. 激发幼儿创新游戏欲望, 尝试设计游戏

"我觉得还有登山望远, 因为可以攀登, 爬高, 它本来也是重阳习俗中的运动。"

"还可以送茱萸, 就是投掷那种, 或者传递香囊。"

"我也认为登山爬高可以, 插茱萸可以用幼儿园玩投壶的道具。"

"还可以用之前手工做的菊花玩游戏, 比如过障碍, 种菊花, 赏菊, 看看哪组小朋友在规定的时间种得多。"

图 3-4-8 幼儿交流记录

3. 幼儿分组讨论设计重阳节游戏

于是幼儿自愿结合, 分为三组, 选出记录人、发言人。

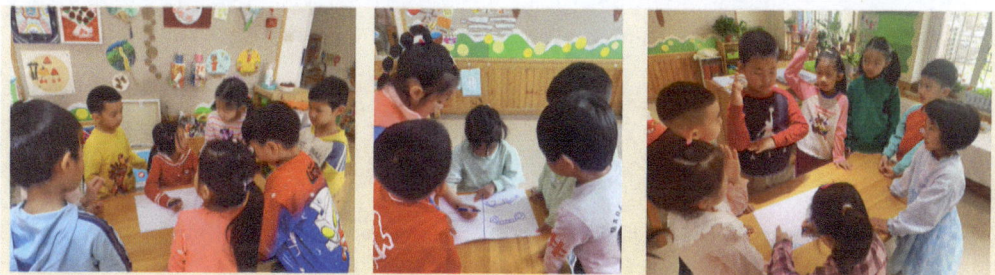

图 3-4-9 小组讨论

在商讨设计中大家都能积极表达自己的想法, 倾听他人的意见。同时能够结合自己的经验围绕重阳节习俗设计体育游戏。

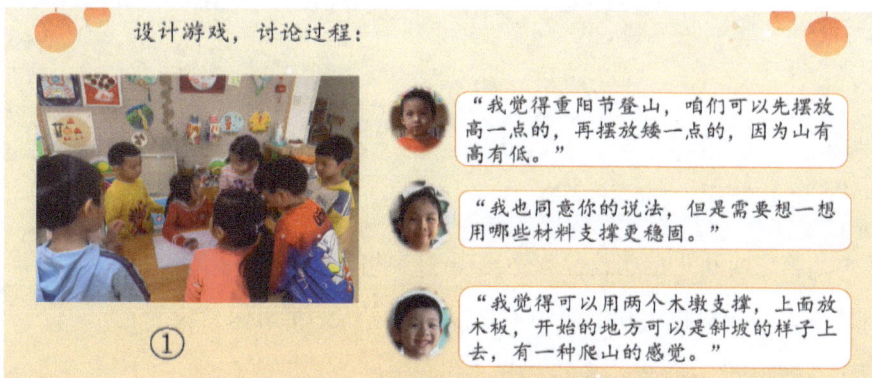

设计游戏, 讨论过程:

"我觉得重阳节登山, 咱们可以先摆放高一点的, 再摆放矮一点的, 因为山有高有低。"

"我也同意你的说法, 但是需要想一想用哪些材料支撑更稳固。"

"我觉得可以用两个木墩支撑, 上面放木板, 开始的地方可以是斜坡的样子上去, 有一种爬山的感觉。"

①

图 3-4-10 第一组讨论记录

第二组、第三组也在有序地进行着讨论，大家用绘画的方式进行记录。每组幼儿的记录都非常清晰，结合了大家的智慧。

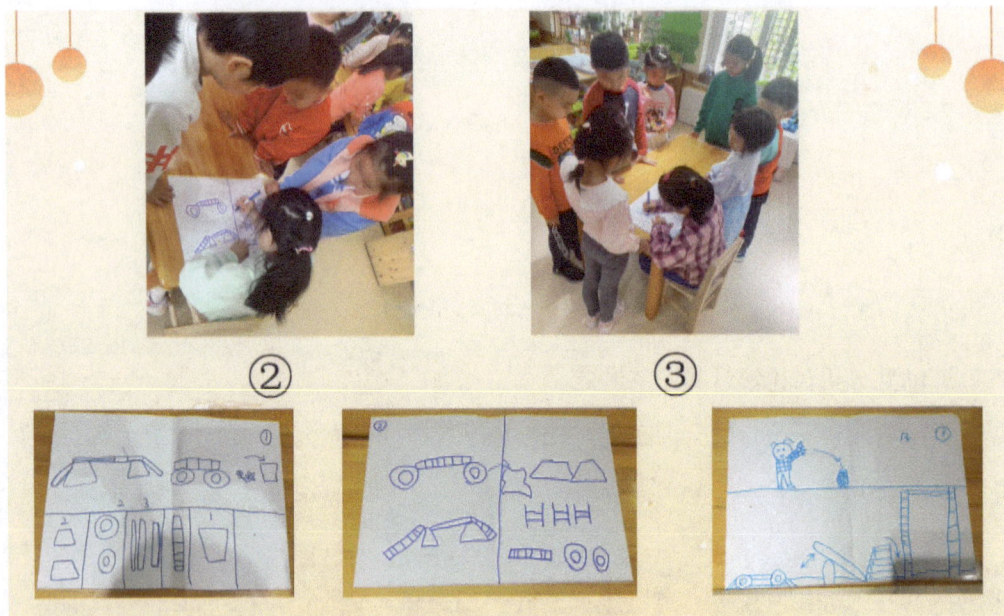

图 3-4-11　第二组和第三组的图示

4. 各组交流方案，幼儿分工合作按照设计图摆放材料并尝试进行游戏

图 3-4-12　各组交流方案　　　　　　图 3-4-13　按照计划实施

其中，第二组幼儿在摆放过程中出现了一些问题：

（1）预设的材料在实际摆放中不能很好地连接，难以保持稳固。

（2）宽度不同，无法支撑。

图 3-4-14　第二组遇到问题

图 3-4-15　参考计划图纸进行讨论

图 3-4-16　小组集合解决问题

图 3-4-17　更换支撑材料

本组幼儿迅速集合解决问题，在商讨中他们认为登山爬高需要有一定的挑战性和难度。因为登山中对自己的体力和胆量都是一种锻炼，同时身体保持平稳也非常重要，于是他们决定用鞍马支撑。

图 3-4-18　幼儿体验游戏

图 3-4-19　小组交换体验

此环节中三组幼儿主要围绕重阳节习俗中的登山、插茱萸活动设计游戏，摆放材料。对于遇到的困难大家能结合实际情况共同想办法解决，在活动中幼儿对于材料的使用还考虑到安全性，比如是否稳固，怎样保持身体平稳。

经过部分设计的更改，调整摆放位置，成功实践游戏后，每组之间相互交换，体验其他组的游戏。

5. 每组幼儿进行游戏并相互体验，交流感受

图 3-4-20　交换体验游戏

图 3-4-21　体验后交流感受

师：大家体验游戏后，你们认为自己组的设计怎么样？你还喜欢哪组的设计？为什么？

此环节中大家能说出自己的小组设计的问题以及更改的方法，同时相互欣赏，选出大家都很认可的游戏材料并将其组合。

借此话题我提出问题："如何能够将大家共同认可的设计进行组合？"

幼儿认真思考，积极回答。

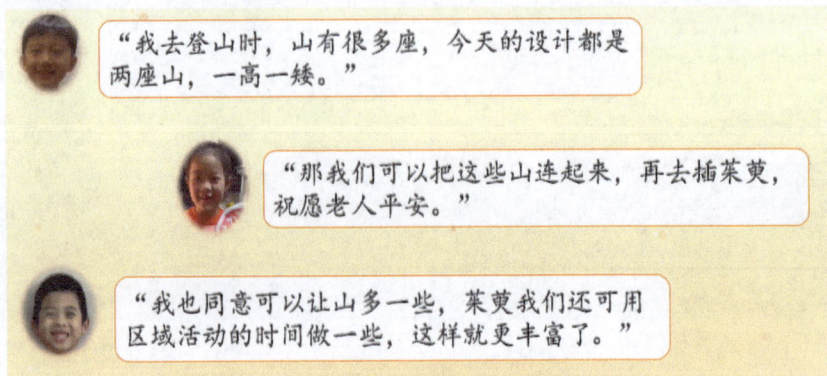

"我去登山时，山有很多座，今天的设计都是两座山，一高一矮。"

"那我们可以把这些山连起来，再去插茱萸，祝愿老人平安。"

"我也同意可以让山多一些，茱萸我们还可用区域活动的时间做一些，这样就更丰富了。"

图 3-4-22　幼儿思考问题的对话

于是我们决定在下一次活动中提前收集好大家的想法继续开展，让游戏更加丰富。

6. 幼儿分享活动收获

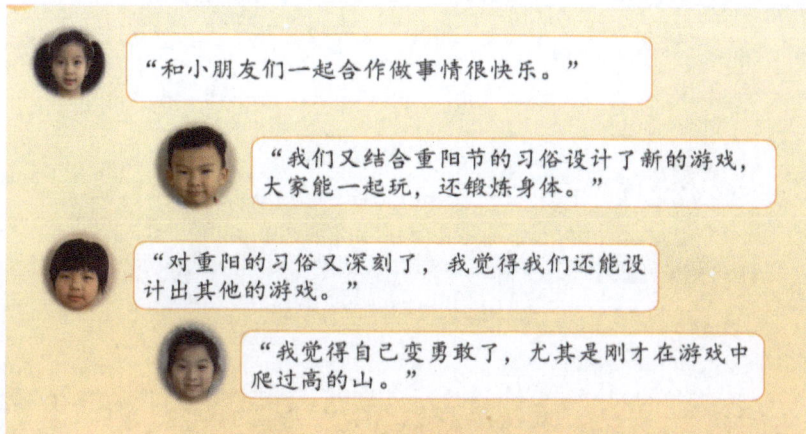

"和小朋友们一起合作做事情很快乐。"

"我们又结合重阳节的习俗设计了新的游戏，大家能一起玩，还锻炼身体。"

"对重阳的习俗又深刻了，我觉得我们还能设计出其他的游戏。"

"我觉得自己变勇敢了，尤其是刚才在游戏中爬过高的山。"

图 3-4-23　本次活动的收获

主题活动反思：

1. 符合幼儿现实需要

陶行知先生曾提出"生活即教育"。重阳节作为我国传统文化节日，可从多方面结合游戏的方式，丰富幼儿对传统文化的认知，培养幼儿尊老的优良品质，为树立积极向上的价值观念奠定基础。

2. 贴近幼儿生活经验

主题活动中综合考虑幼儿的发展现状和生活经验，支持幼儿自主设计相关游戏和实践活动，让幼儿充分体验。在"孝亲"的过程中他们也能用自己力所能及的方式表达爱与关怀，使"孝亲"的种子在幼儿心中扎根、发芽。

最后，本次主题通过游戏化的方式，在幼儿园一日生活与家园共育中支持幼儿与老人一起忆流金岁月、做传统游戏、品重阳节美食、逛秋日美景、听民间故事、享民俗特色，真切感知老人的生活和故事，了解他们对家庭、对自己成长的付出，懂得敬老爱老的重要性。

图 3-4-24　亲手制作礼物

图 3-4-25　体验做重阳糕

图 3-4-26　自编重阳节故事表演

主题活动五：大班主题活动《一起来过庆年节》

活动设计：吴　迪　张　唯　张汀鹭　马广然

主题活动目标：

1. 知道彝族庆年节的由来，了解彝族文化。

2. 乐于与同伴分享作品成果，愿意大胆地用语言向他人介绍自己的作品。

3. 能与他人分工、合作，参与材料收集、作品制作，表现庆年节的活动计划。

主题活动网络图：

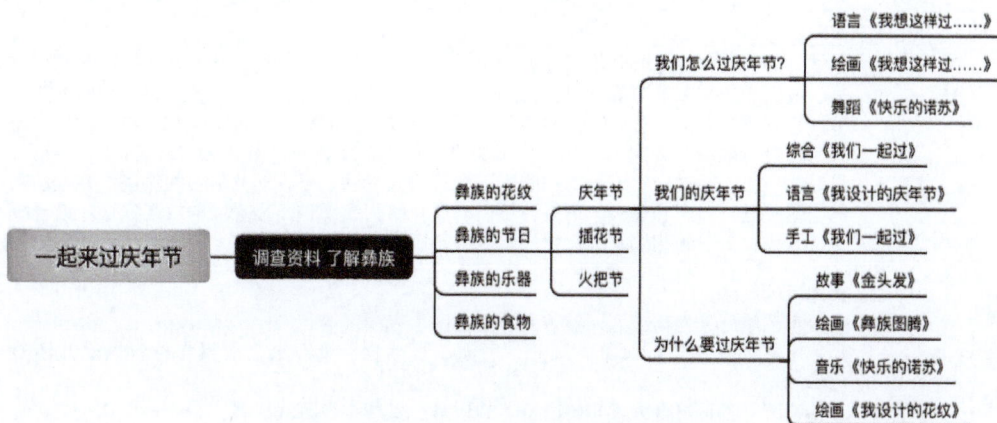

图 3-5-1 《一起来过庆年节》主题网络图

表 3-5-1 主题活动计划表

站点	集体活动	小组 / 个别活动（区域）	其他活动（特色活动）
为什么要过庆年节?	● 故事:《金头发》 ● 绘画:《彝族头饰》 ● 音乐:《快乐的苏诺》 ● 扎染:《我设计的扎染衣服》	收集资料: 彝族的文化 ①衣服——花纹颜色 ②美食 ③房子——图腾 ④游戏——民族体育游戏	
我们怎么过庆年节?	● 语言:《我想这样过……》 ● 绘画:《我心中的庆年节》 ● 舞蹈:《快乐的诺苏》	小组活动: ①讨论: 如何过庆年节? ②需要准备哪些资料? ③设计活动方案与大二班共同完成。	
我们的庆年节	● 综合:《我设计的庆年节》 ● 语言:《庆年节趣事多》 ● 手工:《我们一起过庆年节》	小组表演: ①《幼儿共同设计的节目》 ②《载歌载舞，庆年节》	与大二班联动，穿他们设计的服装进行表演。

站点	集体活动	小组／个别活动（区域）	其他活动（特色活动）
环境设计思路	**主题墙：** 围绕"一起来过庆年节"主题开展的顺序，帮助幼儿理清思路，从为什么过、我们怎么过、我们的庆年节等三部分组成，逐渐深入。幼儿收集资料，了解彝族为什么要过庆年节，它有哪些习俗。然后通过收集到的资料，设计我们想怎么过庆年节。在此过程中与大二班进行联动，一起商量过庆年节的方式，本班负责出计划，大二班负责制作道具，最后两个班一起过庆年节。主题墙用以展现幼儿活动，呈现幼儿学习的轨迹，梳理幼儿的问题并进行补充和解决。班级环境以彝族花纹为装饰，凸显彝族的纹案象征。结合故事《金头发》中的花纹，进行设计，与主题墙内容交相辉映。 **整体设计思路：** 将教室区域划分为美工区、益智区、语言区、表演区等。 1.美工区：投放幼儿画纸、画笔、彩泥、自然物、废旧纸盒等操作材料供幼儿游戏创作。 2.益智区：各种符合大班年龄段特点的玩具、棋牌类等游戏材料。 3.语言区：绘本图书、自制庆年节图书。 4.表演区：民族服装道具、自制装饰物、扩音音响、《金头发》剧本。  图 3-5-2 《一起来过庆年节》主题墙		

站点	集体活动	小组 / 个别活动（区域）	其他活动 （特色活动）
资源 运用	家长资源： 1.家长参与——请家长配合幼儿调查、收集彝族节日的资料；制作彝族服装。 2.社会考察——请家长周末带孩子们到民族园进行参观，了解彝族文化与节日习俗。  图 3-5-3　幼儿在角色区穿上彝族装扮		

部分活动示例：

案例 1：故事《金头发》

活动目标：

1. 理解故事内容，学习小娃子诚实守信的优秀品质。

2. 知道中国是个多民族国家，初步了解并喜欢彝族文化。

活动重点：

理解故事内容，学习小娃子诚实守信的优秀品质。

活动难点：

能大胆准确地表达出小娃子身上的优秀品质。

活动准备：

绘本故事《金头发》。

活动过程：

1. 谈话导入，激发兴趣

师：小朋友们，你们知道世界上都有什么颜色的头发吗？

小结：小朋友们知道得可真多，有黑色、黄色、白色。今天我来给小朋友们分享一个绘本故事，是《金头发》，这个《金头发》可不一般，它是彝族的童话故事，特别有意思，我们一起来看看吧！

2. 看图片，讲述故事

提问：

（1）小娃子很聪明，他想到了什么办法躲开太阳婆婆的视线？

（2）小娃子遇到了几个需要帮助的人？他们都是做什么的？

（3）小娃子成功拿到《金头发》了吗？他得到了谁的帮助？

（4）小娃子最后是否帮助了那三个人？怎样帮助的？

（5）谁最后成了皇帝？谁最后成了摆渡人？

（6）小娃子是怎样的人？为什么？

小结：小娃子是个聪明的人，懂得躲开太阳婆婆的视线；小娃子是个诚实守信的人，答应了三个需要帮助的人；小娃子是个勇敢的人，他很勇敢地将小女奴也带离了太阳婆婆……

3. 小结

师：今天我们学习了小娃子身上诚实守信和舍命救人的优秀品质，这个故事非常精彩，大家可以在表演区尝试将故事进行表演。

活动反思：

通过本次活动，幼儿了解了彝族文化，对彝族花纹印象深刻。通过认真观察画面，能够大胆清楚地讲述故事内容，并能准确地说出人物的优秀品质。对于大班幼儿来说，故事内容可以帮助他们树立良好的品质，强化幼儿在日常生活中的一些行为，例如答应别人的事情要做到，诚实守信。有的小朋友没有履行承诺，其他的小朋友会说"你应该学习《金头发》里面的小娃子，说到就得做到"……很好地体现了此活动带来的良好效果。

案例2：绘画《彝族头饰》

设计思路：

彝族头饰是象征吉祥富贵的饰品，引导幼儿欣赏丰富多彩的彝族头饰图案，了解彝族头饰的美及造型搭配技巧，培养幼儿的审美情趣，让幼儿通过揉捏、造型搭配培养其动手操作能力，让幼儿通过自己设计彝族头饰的过程，感受彝族头饰的美，培养幼儿了解彝族服饰文化。

活动目标：

1.了解彝族头饰的外形美、组合美，引导幼儿欣赏彝族头饰的特点。
2.尝试用不同形式表现彝族的头饰花纹，并感受彝族的文化。
3.感受彝族的文化，感受民族文化带来的美，学会欣赏生活中的美。

活动准备：

1.物质准备：黑色卡纸、锡纸、笔、剪刀、课件PPT。
2.经验准备：幼儿见过彝族头饰。

活动过程：

1.活动导入，激发兴趣
观察彝族头饰的组成。
师：这是彝族的头饰，我们来看看都有哪些元素吧。
2.观察与创作
（1）出示图片。
引导幼儿观察彝族头饰特点并用语言表达出来，头饰都有哪些特点、由哪些形状组成。

（2）动手制作。

幼儿创作，教师巡回指导：

①提示幼儿可以通过不同形式制作头饰。

②引导幼儿利用撕、卷、压、贴等形式制作头饰。

③指导个别幼儿端正坐姿，鼓励幼儿大胆进行创作。

3. 作品分享与展示

师：请小朋友与同组小朋友分享自己的作品，选择一幅你认为最好的作品并说一说为什么选择它作为最好的作品，这幅作品哪里值得我们学习。

（1）幼儿小组点评、分享作品。

（2）最后每组的幼儿代表分享作品。

4. 结束

师：今天我们小朋友一起制作了彝族的头饰，下次我们一起来一个 T 台走秀，评出一个最美头饰。

图 3-5-4　幼儿互相佩戴制作的彝族头饰

活动延伸：

美工区：结合彝族头饰，制作不同的彝族服饰等。

教学反思：

该活动符合大班幼儿的年龄特点，幼儿能够通过不同形式的组成制作出属于自己的彝族头饰，并且在分享过程中每名幼儿都能够有不同的想法，凸显了大班幼儿的动手操作能力和想象能力；教师能把握住活动的难点，通过各种不同的彝族头饰的展示帮助幼儿拓宽思路，用不同的形式制作头饰，也关注到个别幼儿的能力水平，及时地引导与支持。

案例 3：音乐《快乐的诺苏》

活动目标：

1. 欣赏音乐《快乐的诺苏》，知道彝族音乐的基本特点。
2. 通过音乐片段，感受不同节奏所表达的不同情感。

活动重点：

欣赏音乐《快乐的诺苏》，知道彝族音乐的基本特点。

活动难点：

能听出音乐的段落，感受不同节奏所表达的不同情感。

活动准备：

音乐《快乐的诺苏》、舞蹈视频。

活动过程：

1. 谈话导入，激发兴趣

师：我们搜集到了很多关于彝族特有的物品，谁还记得？一起来说一说！

幼儿回顾经验，加深对彝族的认识。

师：我们一起来听听这首音乐，它带给你什么感受？

2.欣赏音乐《快乐的诺苏》

（1）播放第一遍音乐。

问：

①听完这首音乐，你有什么感受？

②你觉得这首音乐有什么特点？

教师先放音乐，后提问，幼儿回答问题。

（2）播放第二遍音乐。

问：

①你听到的最多的一句话或者一个词、一个字是什么？

②在开始唱歌前出现了什么样的音乐？

教师先提问，后放音乐，幼儿回答问题。

师：小朋友都听到了"嘿呦嘿呦"这个词语，对于彝族人来说就是高兴的意思。他们会边唱歌边舞蹈，就用"嘿哟嘿哟"来表示！

（3）播放第三遍音乐。

师：请你用一个动作在"嘿哟嘿哟"出现的时候做，代表你很高兴的意思。

幼儿听音乐，自由发挥创编动作。

（4）播放第四遍音乐。

请幼儿展示自己的动作。

3.小结

教师播放音乐，幼儿随意摆动。

师：今天我们欣赏了一首动听的彝族歌曲，并配上了简单的动作，如果能够配上更多动作就好了，下次我们一起来试试！

活动反思：

该活动音乐具有彝族特点，符合大班幼儿的年龄特点。在教师预设的活动中，能够看出教师对幼儿的了解。通过对"嘿呦嘿呦"的讲解，让幼儿感受到彝族人民过节日的快乐情绪，非常有感染力；通过教师的引导，大部分幼儿可以创编动作，但应该在前期准备阶段利用图示支持幼儿创编。

案例 4：扎染《我设计的扎染衣服》

设计思路：

幼儿在深入了解彝族文化的过程中，不仅学习到彝族的一些文化、节日知识，还对彝族漂亮的衣服和银饰感兴趣，因此他们在自主游戏活动中开始思考和讨论，"他们的衣服是怎么扎染的？""他们扎染的颜色可不可以是彩色"……故设计此次活动，鼓励幼儿大胆想象与设计，通过自己动手操作来设计不同的彝族衣服，感受民族艺术表达，获得成功的喜悦。

活动目标：

1. 通过观察，了解彝族衣服的特点。
2. 掌握彝族扎染的方法，能够大胆地设计与创作扎染衣服。
3. 喜欢彝族的服装，感受彝族文化。

活动准备：

1. 物质准备：扎染材料、彝族扎染成品图、彝族衣服、扎染步骤图。
2. 经验准备：知道彝族扎染的方法。

活动过程：

1. 活动导入，激发兴趣

出示彝族衣服。

师：小朋友们，你们来看看彝族的服装有哪些特点？

小结：小朋友观察得真仔细，彝族服装大多是以深蓝色、黑色为主的深色系颜色扎染制成，而后由一些亮色点缀绣在衣服上，特别好看。

2. 巩固扎染方法，设计与创作

师：小朋友们，你们还记得我们要如何扎染吗？它都需要哪些步骤？

（1）出示扎染步骤图。

教师根据幼儿的回答，按顺序出示扎染步骤图，引导幼儿说完整。

①浸——将布浸泡到水里，拧干水。

②扎——把布用捆扎、夹扎、包物扎等方式扎起来。

③染——把布染上自己喜欢的颜色。

④晒——最后拆开布，展开用夹子晾晒。

（2）幼儿设计与创作。

师：小朋友们，你们想怎么设计彝族扎染的衣服呢？

教师鼓励幼儿表达，为幼儿提供材料支持。

小结：既然，你们都有自己的想法了，那就开始你们的创作吧。

幼儿创作，教师巡回指导：

①鼓励幼儿用不同的扎染手法进行操作。

②提示幼儿注意颜色的搭配。

③指导幼儿扎染过程注意干净卫生，活动后收拾材料。

3. 分享与展示

师：我们一起来看看小朋友们设计的扎染衣服吧！

（1）个别幼儿分享。

教师鼓励幼儿说出自己扎染的手法与设计想法。

（2）幼儿之间相互点评。

4. 结语

师：小朋友们设计的彝族扎染服装都非常有自己的想法，等扎染的衣服晾干，小朋友们就可以继续用美工区的材料进行装饰，期待小朋友们的最后成品。

活动延伸：

美工区：利用美工区的多种材料，装饰扎染的彝族衣服。

表演区：幼儿可以穿着自己设计的彝族扎染衣服进行表演、T 台秀、故事表演等。

教学反思：

该活动符合大班幼儿的年龄特点，在掌握扎染方法的基础上，幼儿能够大胆地想象、设计、操作与表达，不仅很好地完成了本次活动的目标，更是提高了幼儿的表达表现、想象与创作能力；教师关注到了幼儿在操作过程中的问题，为幼儿操作提供有力支持，更是提高了幼儿尝试解决问题的能力。分享与展示的环节，更是给予了幼儿相互之间学习的机会。

案例 5：综合《我设计的庆年节》

活动目标：

1.知道彝族的庆年节活动有哪些形式，感受其热闹的欢乐气氛。
2.尝试设计庆年节活动形式，与同伴商量需要的材料。

活动重点：

尝试设计庆年节活动形式，感受热闹气氛。

活动难点：

尝试设计庆年节活动形式，与同伴商量需要的材料。

活动准备：

图片、笔、纸。

活动过程：

1.出示图片，激发兴趣
出示庆年节图片。
师：从这张图片你看到了什么？彝族人的庆年节是怎么过的？看到这张照片你的感受是什么？
小结：原来庆年节是这么热闹，人们会穿着彝族服装围成圆圈唱歌、跳舞，而且他们还会聚在一起吃饭喝酒来庆祝节日。
2.小组讨论，设计庆年节
师：我们知道了彝族人过庆年节的方式，如果是你，你想怎么办？小朋友分组讨论。
（1）小组讨论：我设计的庆年节。

（2）教师巡回参与，引导幼儿表达自己的想法。

（3）小组分享。

3. 设计庆年节

师：每组都有自己的想法，请你们分工合作，用纸和笔表达出你们的想法。

（1）小组分工合作设计。

（2）小组分享，互相点评。

教师巡回指导：

①提示幼儿将活动方式和需要准备的材料画出来。

②引导小组内幼儿明确分工。

③鼓励幼儿动脑思考，创新活动方式。

4. 小结

师：小朋友们设计的活动都非常新颖，下一次我们可以在班级内尝试举办大家设计的活动！

活动反思：

该活动利用小组讨论的方式进行，有助于幼儿与同伴间的商量与分工合作。在该过程中，部分幼儿社会交往能力和语言表达能力得到了进一步提升，但也有部分幼儿不善于表达，发言机会较少，教师在活动中未及时关注；在小组幼儿表达分享之后，有小组间相互的点评，利于幼儿自我反思。

主题活动六：大班主题活动《妙剪生花》

活动设计：梁淇雅　于　净

主题活动由来：

《3—6岁儿童学习与发展指南》指出："创造条件让幼儿接触多种艺术形式和作品。如：带幼儿观看或共同参与传统民间艺术和地方民俗文化活动，如皮影戏、剪纸和捏面人等。"作为中国传统民间工艺的剪纸艺术，它拥有悠久的历史，融合了物质文明和精神文明，反映出人们生活的态度、价值与审美情趣。在幼儿园开展剪纸活动，幼儿能根据需要画出图形，线条基本平滑，并能沿轮廓线剪出由曲线构成的简单图形，边线吻合且平滑。剪纸不仅是对中国传统艺术的一种传承，还能提升幼儿的观察力、想象力、创造力和动手能力。幼儿在剪纸活动中发现问题、解决问题，能与同伴分工合作，遇到困难能一起克服困难。通过剪纸活动，了解剪纸的发展历史，了解自己的民族，知道中国是一个多民族的国家，萌生爱祖国爱家乡的情感。

主题活动目标：

1. 欣赏中国民间剪纸，了解不同剪纸形式。

2. 尝试运用剪纸的"转纸不转刀"的技巧剪出各种造型图案。

3. 喜欢剪纸活动，感受剪纸的艺术美。

4. 培养幼儿的协作和沟通能力，提高幼儿手眼协调能力。

5. 愿意和别人分享、交流自己的剪纸作品和美感体验。

6. 能在剪纸活动中与同伴分工合作，遇到困难时能一起克服。

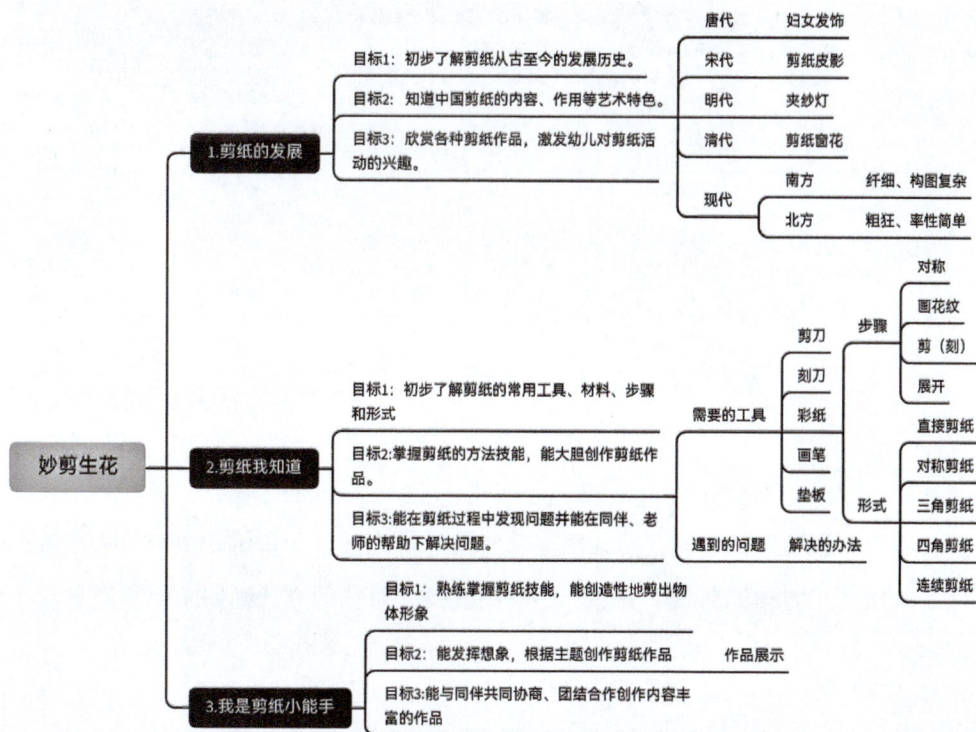

图 3-6-1 "妙剪生花"主题思维导图

表 3-6-1 "妙剪生花"主题活动具体安排

主题名称	妙剪生花		
活动类型	集体活动	小组 / 个别活动（区域）	其他活动（特色活动）
剪纸的发展	● 语言:《阿诗有块大花布》 ● 健康:《怎么使用剪刀》 ● 美工:《欣赏剪纸作品》 ● 音乐:《剪剪纸》	● 图书区:《阿诗有块大花布》，通过绘本阅读，感受剪纸花布纹样的美。 ● 美工区: 欣赏剪纸手工作品 ● 表演区: 我有一双小小手	调查: 我了解的剪纸。 了解剪纸的发展历史。
剪纸我知道	● 美工:《传统剪纸艺术》 ● 美工:《剪纸——窗花》 ● 美工:《剪纸——京剧脸谱》 ● 语言:《阿诗有块大花布》 ● 综合:《剪纸我知道》 ● 音乐:《拉手娃娃》	● 美工区: 剪纸花纹 ● 益智区: 美丽的小花园 ● 表演区: 音乐《剪纸歌》	谈话: 剪纸需要哪些工具? 家园合作: 你知道哪些剪纸方法? 你在哪里见过剪纸? 家里人谁最会剪纸? 和家人剪出你最喜欢的剪纸样式。
我是剪纸小能手	● 手工:《彩纸变变变》 ● 艺术:《有趣的剪纸》 ● 语言:《爷爷一定有办法》 ● 美工:《二方连续剪纸——拉手娃娃》	● 语言区: 我制作的剪纸绘本 ● 美工区: 立体剪纸	家长资源: 带着家长一起制作剪纸作品,自制剪纸图书。

部分活动示例:

案例 1:美工《剪纸——京剧脸谱》

活动目标:

1. 了解京剧脸谱的特点,感知图案和线条的对称美,初步感知剪纸的艺术感。
2. 掌握"二方连续剪纸"方法,能够用线条、对称的方法绘制京剧脸谱。

活动重点:

掌握"二方连续剪纸"方法。

活动难点：

能够用线条、对称的方法绘制京剧脸谱。

活动准备：

1. 经验准备：幼儿对京剧脸谱有一定的了解。

2. 物质准备：脸谱面具、课件、彩纸、剪刀、画笔。

活动过程：

1. 导入环节

（1）情境表演导入，激发幼儿的兴趣。

师：小朋友们，今天老师带来了一段好看的节目，请大家仔细观看。（播放变脸视频）

师：刚才它们的脸上发生了什么变化？

小结：它们的脸上戴的是各式各样的面具，面具上的图案是京剧脸谱。

2. 实施环节

（1）观赏图片，引导幼儿观察脸谱的组成要素。

教师出示不同脸谱的图片，让幼儿进行观察，重点提问：你们观察一下这些脸谱有什么特征？

小结：京剧脸谱左右两侧的线条是对称的，脸谱上的花纹是围绕五官绘制的。

（2）制作剪纸面具。

教师示范，鼓励幼儿进行自主创作。

师：小朋友先将纸角对角折叠一次，然后在上面画上你喜欢的京剧脸谱，然后剪开，接着打开，这样你的京剧脸谱就做好了。

3. 总结环节

（1）作品展示。

师：小朋友们，快和你的好朋友展示你的京剧脸谱，戴上面具进行走秀表演吧。

（2）活动延伸。

师：小朋友可以将创作的京剧脸谱放到美工区，进行自由表演。

活动延伸：

1. 指导幼儿剪出其他造型的京剧脸谱。

2. 幼儿向家长介绍自己制作的脸谱。

案例 2：美工《二方连续剪纸——拉手娃娃》

活动目标：

1. 掌握"二方连续剪纸"的方法，能按照生活中常见的娃娃的主要特征进行剪纸。

2. 认识拉手娃娃的民俗意义，感受民间剪纸艺术的魅力。

活动重点：

掌握"二方连续剪纸"方法。

活动难点：

制作拉手娃娃剪纸作品，注意中间不要剪断。

活动准备：

1. 经验准备：了解简单的剪纸技巧。

2. 物质准备：剪刀、长方形纸、笔、拉手娃娃范例。

活动过程：

1. 导入环节

（1）故事导入。

师：很久很久以前，每逢过年的时候，会剪纸的人们都用灵巧的双手剪出吉祥的福字、喜字等漂亮的剪纸，把祝福和快乐送给人们。人们还将剪好的拉手娃娃贴在门上，拉手娃娃张开双腿站立，寓意着挡住不好的运气，保佑家人健康平安。

（2）观察拉手娃娃造型。

师：小朋友们，拉手娃娃长什么样子呢？你们在哪儿见过这些剪纸呢？

2.实施环节

（1）模仿动作。

师：我们欣赏了漂亮的拉手娃娃，你们来跟我学，模仿一下拉手娃娃的造型和姿态，亲身体验一下吧。

（2）尝试制作。

师：光学样子还不够，让我们动手做一做吧。

教师出示范例，按照步骤带领幼儿剪拉手娃娃。

师：首先将我们手中的长方形纸进行对折，然后再对折一次，接着再对折第三次，一共对折三次，在上面画上娃娃的造型，注意手要画到纸的边缘，这样之后才不会剪断。沿轮廓剪，剪好后展开，一个拉手娃娃就完成了。

3.总结环节

（1）作品展示。

师：小朋友，将你的拉手娃娃跟你的好朋友分享一下吧，并将美好的祝福送给他（她）。

（2）活动延伸。

师：还可以将你的拉手娃娃上面剪出其他吉祥的图案，比如金元宝、钱币等进行装饰，表达美好祝愿。

活动延伸：

1.尝试剪出不同的拉手娃娃造型。

2.将剪出的拉手娃娃粘到彩色纸上，在上面进行进一步装饰。

案例3：美工《剪纸——窗花》

活动目标：

1.了解窗花的民俗特点，知道窗花的对称性、镂空性的特点。

2.感受剪纸艺术的美，能用折纸的方式剪出自己喜欢的窗花，体验剪纸的乐趣。

活动重点：

知道窗花的对称性、镂空性的特点。

活动难点：

能用折纸的方法剪出自己喜欢的窗花。

活动准备：

1.经验准备：了解窗花的民俗特点。

2.物质准备：剪刀、长方形纸、笔、窗花范例、课件。

活动过程：

1.导入环节

（1）视频导入，引发幼儿剪窗花的兴趣。

师：小朋友们，你们在逢年过节的时候都会做些什么呢？那你们来看看过去的人们在做什么。（观看剪纸窗花的由来）

（2）观察窗花特点。

师：原来他们在剪窗花庆祝节日，那你们知道窗花有哪些图案和特点吗？

小结：贴窗花可以传递喜庆的感觉，所以人们喜欢贴窗花来庆祝节日。窗花的内容可以是可爱的动物、美丽的花朵、漂亮的人物，等等。窗花的图案是左右对称的，这也是窗花的特点。

2.实施环节

（1）探索尝试剪窗花。

教师出示窗花范例，引导幼儿进一步观察。

师：小朋友们，你们知道窗花是怎么做出来的吗？窗花除了对称性，还有哪些特点呢？

小结：窗花是用折纸剪出来的。具有对称性，里面的图案是镂空的。

师：小朋友们，你们发挥想象来剪一剪你喜欢的窗花吧。

师：我观察到小朋友的窗花都有对称性，而且每一个窗花的图案都不一样。

（2）教师示范，幼儿再次创作。

师：这次请小朋友们观察我是怎么剪的窗花。

示范折纸：学习平等对分折纸技能，鼓励多种折法。

示范剪法：学习挖空剪纸技能，鼓励多种剪法。

教师小结：首先，我们选择一张自己喜欢的彩色折纸。其次，将折纸平等对折，并在上面画出自己喜欢的图案，沿着图案剪出来。最后，慢慢将折的纸打开就可以看到一个漂亮的窗花啦。

幼儿再次尝试制作，教师巡回指导。

3. 总结环节

（1）作品展示。

教师引导幼儿展示窗花作品，并介绍作品的意义。

师：请小朋友们介绍一下自己的窗花作品，和大家分享一下你的创意。

（2）活动延伸。

师：你们的窗花都非常漂亮，将你们制作好的窗花装饰在班级窗户上，给班级进行装饰吧。

活动延伸：

1. 阅读与窗花有关的故事。

2. 尝试合作制作不同形状的窗花造型。

案例 4：美工《传统剪纸艺术》

活动目标：

1. 知道剪纸是中国传统艺术，感知剪纸艺术的丰富。

2. 能根据剪纸方法大胆地创作出剪纸作品。

3. 热爱剪纸艺术，感受剪纸活动的艺术美。

活动准备：

窗花等装饰好的场景图片、剪纸工艺品、自制剪纸礼品盒、自制贺卡若干。

活动重点：

知道剪纸是中国传统艺术，感知剪纸艺术的丰富。

活动难点：

能根据剪纸方法大胆创作剪纸作品。

活动过程：

1.观察剪纸作品

师：小朋友们，今天老师带来了一些新的剪纸作品，请你们一起来看一看。

2.幼儿分享交流看到的剪纸作品

师：谁来分享一下你看到的剪纸作品？平时在什么地方见过它？谁来继续分享一下你看到的？

小结：原来剪纸作品在生活中应用非常广泛，既可以作为平时的装饰，也可以作为礼品赠送，还可以变成好看的舞蹈、动画片。

3.通过谈话、观察画面

师：你们知道剪纸最早出现在哪个国家吗？古代的人都在干什么？

小结：剪纸源于中国，剪纸从中国古代开始就有了。

4.幼儿设计、制作剪纸作品

师：我们是大班的小朋友了，我们剪出好看的剪纸作品送给弟弟妹妹当礼物吧。

活动延伸：

师：之后将我们做好的剪纸作品送给你喜欢的弟弟妹妹吧。

案例 5：音乐《剪剪纸》

活动目标：

1.感受民间音乐的欢快旋律，体验剪刀和纸合作游戏的快乐。

2.在情境中尝试用不同的肢体动作有节奏地表现有趣的动物形象。

3.愿意参加歌唱活动，感受歌唱活动的快乐。

活动准备：

《剪剪剪》儿歌。

活动重点：

感受民间音乐的欢快旋律，体验剪刀和纸合作游戏的快乐。

活动难点：

在情境中尝试用不同的肢体动作有节奏地表现有趣的动物形象。

活动过程：

1.谈话导入

师：小朋友们，你们都用过剪刀吗？那你们用剪刀都剪过什么图案呢？

师：小剪刀不光会剪，它还拥有特别厉害的"魔法咒语"，有了这个"魔法咒语"我们想要什么就能剪出什么，请你们仔细听一听，看一看。

师：剪剪剪剪剪，剪刀剪什么？（动作配语词节奏）

师：小剪刀的"魔法咒语"是什么呢？请小朋友们做给我看看。

师：让我们一起来合着音乐试试"魔法咒语"吧！（完整欣赏音乐，A段剪刀——动作配语词节奏；B段固定节奏）

2.根据情节，感受节奏

师：小朋友的剪刀真厉害，有一个叫贝贝的小朋友也有一把这样的剪刀，可是贝贝很粗心，不小心把它丢在了动物园，被动物园里的小老虎捡到了，小剪刀很害怕小老虎。小朋友们，你们能不能帮助小剪刀吓跑小老虎呢？

第一遍音乐：老师当纸，幼儿当剪刀游戏。

师：哈哈，这个小老虎一点也不会动，我才不害怕呢！

师：小朋友们，你们仔细看看，为什么你们用了魔法咒语，剪出的小老虎不会动呢？（突出剪刀的节奏）

第二遍音乐：当B段音乐出现，老师出来和剪出的小老虎PK，最终打败小老虎，师幼一起欢呼胜利！

师：小剪刀继续向前走，来到了猴山，看到有好多顽皮的猴子在玩，它也想和小猴一起玩，可是它不是猴子。小朋友们，你们能帮帮它吗？（幼儿相互讨论）

第三遍音乐：教师示范。（我是剪刀，我是纸，剪剪剪头，头动一动，剪剪剪身体，身体扭一扭，剪剪剪爪子，爪子挠一挠。）

第四遍音乐：老师当纸，两名幼儿当剪刀。

师：剪头时剪刀在哪里？剪身体、剪爪子时剪刀在哪里？（重点突出剪刀方位变化）

第五遍音乐：老师当纸，全体幼儿当剪刀。（放音乐）

小结：我们按顺序剪出来的小猴子真是聪明又顽皮。

3. 发挥想象，创编游戏

师：小朋友们再想想动物园里还有什么动物呢？它的招牌动作又是什么呢？（幼儿两两讨论并自由想象、创编动作，教师指导。）

教师请个别幼儿上台示范动作。

第一遍：教师邀请幼儿两两组合，进行讨论谁当纸，谁当剪刀，想剪什么动物。（两两合作，重点提示动物的典型特点。）

师：小剪刀剪出了不同动物的特点，那我们现在互换角色，看看会不会出现更多不同的有趣动物。

第二遍：互换角色。（两两合作）

小结：请小剪刀介绍剪出的各种动物，突出动物不同的特点。

4. 活动结束

师：剪了这么多的小动物，小剪刀也累了，让我们想想办法送小剪刀回家吧！

活动延伸：

师：之后小朋友可以在表演区继续进行游戏哟。

主题活动反思：

幼儿通过剪纸这一主题，掌握德育目标，在主题中了解剪纸的历史发展，知道自己的民族，知道中国是一个多民族的国家，萌生爱祖国爱家乡的情感。通过本次主题活动，幼儿充分掌握了剪纸的技能技巧，幼儿有了很多的收获，我们班基本上所有的幼儿都能不在老师的帮助下进行自主剪纸，并且剪出来的纸都很完整，剪出来的每一个花纹都不一样。在开始的主题活动实施中，主题中需要的工具是第二板块，剪纸我知道为第三板块，这两个板块是分开设计的，但在调查过程中发现幼儿会出现第三板块中的问题，所以调整主题思维导图，将两个板块进行整合，同步进行。我们在之后将会持续进行剪纸活动，在新年主题的活动中进一步剪出窗花装饰班里，帮助幼儿了解传统窗花样式，进一步加深对窗花剪纸艺术的认识。

第二节　幼儿园民族艺术主题游戏活动的设计与实施

文/王　琰　崔惠冉　张　旭

重阳节是我国的传统节日。从文化层面而言，通过让幼儿了解重阳节的由来和传说，初步体会中国传统节日蕴含的文化，培养幼儿的感性认知和道德品质，从而激发幼儿的民族荣誉感和对传统文化的认同感。从艺术层面而言，围绕"重阳节"开展多元化的社会、美工、表演活动等，激发幼儿对传统节日文化和艺术的兴趣。在艺术教育的熏陶下，通过实际操作，提升幼儿对艺术的表现力、创新能力和审美能力。由此可见，在现代化的幼儿素质教育中，更应重视民族艺术游戏活动的开展，将我国传统民族艺术文化的魅力展现给幼儿，培养其热爱祖国、团结一致的宝贵品质。

一、基于重阳节题材设计幼儿园民族艺术主题游戏活动的功能与要义

（一）幼儿园重阳节艺术主题游戏活动的教育功能

1. 民族认同功能

作为我国传统民族节日，重阳节是中华民族精神与情感的凝聚，在幼儿园设计重阳节艺术主题游戏活动正是对这种精神的传承与弘扬。传统民族节日是一个民族发展的根源与基础，重阳节艺术主题游戏活动是对优秀民族文化跨空间、跨时间的认同。以此为基础，教育者在进行教育时要重新认识到传统节日的文化属性，产生

强烈的民族认同感。

2. 文化传承功能

重阳节的发展经历了一个堆积、沉淀并反复验证的缓慢过程，它与中华民族源远流长的历史一脉相承。其内容不只包括文化知识，还包括了社会伦理、审美观念等，这些就使得中华文化更有凝聚力，体现中华民族的精神价值。在幼儿园设计重阳节艺术主题游戏活动能够让幼儿了解到节日与民族文化的博大精深，学习到历史伟人的相关事迹，从而传承精神文化和道德观念。

3. 审美教育功能

重阳节包含多元化的艺术，当下重阳节活动的形式大多为庆典形式，如：歌舞表演、环境装饰，还有一些民族特有的服饰大都体现着相应的地域特色，是民族特有文化、传统习俗相统一的艺术品，极具观赏性的同时，也具有一定教育性。幼儿在活动中能够欣赏艺术，从而培养他们的审美能力和创造能力。

（二）幼儿园重阳节艺术主题游戏活动的开展要义

1. 幼儿园重阳节艺术主题游戏活动开展的必要性

幼儿是民族未来的希望，传统节日文化的继续发展离不开幼儿的传承，两者互相促进，显现了对幼儿进行传统节日文化教育的重要性。

中国传统文化的底色需要新一代青年传承。重阳节凝聚了中华优秀传统文化的情感和价值观念，是中国的一份宝贵文化精神。作为我国未来的希望，幼儿传承民族文化十分重要。因此，以重阳节等民族文化为主题开展活动，是当下幼儿园加强传统文化教育的重要渠道。

2. 幼儿园重阳节艺术主题游戏活动开展的可行性

重阳节丰富有趣的文化内容与节日活动形式、政府与社会的大力支持为幼儿园重阳节民族艺术游戏活动的开展提供了强有力的条件。

传统节日被漠视的态势已引起社会和政府的关注。为解决这个问题，国家也采取了一定的措施，一是国家将几大重要传统节日列入国家非物质文化遗产中；二是将各传统节日以假期的形式体现，以引起人们的重视；三是国家颁布了相关的政策文件，指导加强对传统节日的重视。

当下以重阳节为主题的艺术活动，只有方式多元化、趣味化才能激发幼儿的兴趣。重阳节文化内容丰富多彩，这其中就包括各种古老神秘的传说、抑扬顿挫的童谣等。此外，丰富多样的节庆活动如登高、赏菊、做花糕等都足以引起幼儿的兴趣，与空洞无趣的说教相比，这些活动更能使幼儿产生强烈的认同感并积极主动地参与到活动中，感知重阳节相关的教育内容。

二、基于重阳节题材设计幼儿园民族艺术主题游戏活动的原则与思路

（一）幼儿园重阳节主题游戏活动的设计原则

1. 适合幼儿的现有水平

随着幼儿每个阶段的成长，其认知特征也会发生变化。四岁幼儿的文化感知能力还未得到适当发展，可以通过五感（形、声、闻、味、触）感知带领幼儿初步建立传统节日意识，如节日传统美食、传统活动等；五岁幼儿可进行初步的传统节日文化探究和主题活动的开展，适当传输传统文化的来源和历史，讲述文化故事，通过活动实践深化幼儿的文化认知；六岁幼儿处在身心素质发展的高峰期，也是求知欲较为强烈的时期。幼儿可以理解部分意义和内涵，教师可以在原有教育基础上拓展教学内容，通过丰富的活动和资源为幼儿讲解重阳节的内涵和意义，建立节日意识和传统文化精神，体验节日的文化氛围。

2. 符合幼儿的现实需要

重阳节有着源远流长的文化内涵，涵括了美食、诗词、习俗等文化领域，可以从多方面丰富幼儿的传统文化认知。例如我园在重阳节活动中，开展了登高比赛、"做重阳糕"等活动。其中，登高活动因其特征，既是对身体素质的挑战，也能培养幼儿的坚强意志，还能提供感受自然环境的机会；"做重阳糕"活动以做花糕的方式，培养幼儿的美工素养。此外，重阳节也称作"老人节"，意为传承中华民族尊老的优良传统，也为幼儿积极向上的价值观念培养奠定基础。因此幼儿园在传统节日教育选取上，要结合节日的意义和内涵着重选择。

3. 贴近幼儿的生活经验

陶行知先生曾指出"生活即教育"。重阳节游戏的设计和选择应当是与幼儿日常生活息息相关的。在设计游戏时应当综合考虑幼儿的发展现状和生活经验，同时设置难度阶层，培养幼儿的探索精神。

4.遵循幼儿的兴趣爱好

任何教育的开展都要保证幼儿的兴趣和积极性。在重阳节艺术主题游戏活动的设计中，一方面，教师需要在日常学习生活中多观察和记录幼儿的兴趣点并将其运用到设计的主题游戏中；另一方面，游戏的设计要深入发掘并加以扩大与合理应用。

（二）幼儿园重阳节主题游戏活动的设计思路

1.幼儿园重阳节主题教学活动

教学活动是指教师根据幼儿的教学需求安排的系统性教学流程，是培养幼儿成长的途径。集体教学中支持幼儿发展自身个性和特长，通过展示自我和学习他人，实现自我价值的提升。中班开展教学活动"重阳节的来历"，包括以下活动内容：（1）幼儿自由讨论"讲述故事《九月九》"；（2）诵读重阳节古诗；（3）唱重阳节相关儿歌，并相互交流，总结经验。在这一活动中，幼儿了解到重阳节的基本知识，并互相讨论展示，充分激发幼儿的学习热情和探索意识。通过一系列教学活动的开展，幼儿们切身参与重阳节来历的探索和思考，初步建立了基本的传统文化意识观。

2.幼儿园重阳节主题游戏活动

开设重阳节主题游戏活动，教师可根据幼儿的年龄特征设置个性化游戏板块，确保整体板块的综合性和单个板块的针对性。如在游戏区为幼儿提供丰富的材料工具，鼓励幼儿自制贺卡和蛋糕等，游戏环节设计以重阳节元素为核心，如利用茱萸设计不同的游戏；鼓励幼儿为老人制作礼物；投放相关绘本和书籍，拓展幼儿见识；幼儿与同伴共同制作贺卡、寿桃、菊花。通过创编童谣游戏活动，引导幼儿用相同的句式，讲述不同的事情，增强幼儿语言表达能力，大胆表达对家中老人的敬爱之情。

3.幼儿园重阳节主题日常生活

幼儿的日常生活都是传统文化渗透实践的良好时机，在这一阶段可以对幼儿进行环境氛围引导，丰富幼儿对传统文化的学习。例如在重阳节教学活动期间，教师可以在入园时段播放"我爱爷爷奶奶、姥姥姥爷"的音乐，帮助幼儿体会到节日的氛围，感知重阳节的存在，促进教学活动的开展。除此之外，幼儿的三餐可以添加具有重阳节特征的食物，如"重阳糕、菊花酥"等。也可以根据办学条件开展相关展览和表演，让幼儿在日常生活的轻松氛围中感受到传统文化的力量。幼儿的家庭和社区环境都会影响到其认知，如参观博物馆、相关活动的举办、父母的教导讲解，都对幼儿传统文化意识的培养有着至关重要的作用。

4. 幼儿园重阳节主题家园共育

家庭是幼儿生活成长最重要的环境，这直接关乎着幼儿综合素质的发展。家庭传统文化氛围的建设也是幼儿园教学的基础。如重阳节期间，我园与家庭教学内容的互通，在幼儿园教学之前可以在家庭中对幼儿进行传统文化的渲染，同时幼儿进行节日调查表的绘制，培养了幼儿的创新能力和实践能力。家园共育教学方式的实行，既提升了幼儿传统节日文化教学的效率和效果，又实现了幼儿园与家长的沟通，为幼儿的后续教育奠定基础。

三、基于重阳节题材改进幼儿园民族艺术主题游戏活动的路径与对策

（一）革新重阳节艺术游戏活动的开展方式

对幼儿开展认知活动时，要重视培养幼儿的创造力。教师首先要有创新意识，将重阳节艺术游戏内容融入新时代元素并尝试"跳出传统看传统"，衍生出新的教学方法，激发幼儿对传统节日的创造潜能。由此教师必须关注体验式教学，为幼儿创造和重阳节相关的情境，让幼儿直观感知节日。不同的孩子自身的经验和体会都有差异，教师可以鼓励幼儿彼此之间结合重阳节进行情感沟通，碰撞出智慧的火花，提高幼儿的思考能力。

比如，在重阳节为主题的教学里，教师可以改变传统"我为家中老人做件事"换成情境表演，鼓励幼儿准备节目，并根据幼儿的意愿敲定演出时间和排练形式。准备完节目后，在重阳节当天邀请家中老人观看表演、展开以幼儿和家中老人做游戏的亲子活动，增进老人和幼儿之间的感情，使幼儿获得极佳的情感体验。这种活动形式既能让幼儿了解重阳节的意义，更能让幼儿学会向老人表达情感，知道尊老爱幼是我国的优良传统。

（二）聚焦重阳节艺术游戏活动的民族文化内容

教师在设计以重阳节为主题的活动时必须深刻认知我国的传统文化，了解重阳节相关的文化内容与活动形式。在此基础上进行科学的选择，及时判断幼儿成长所需的教学内容。结合我国不同地区的习俗，以幼儿的视角分析教育的本质。

在实践中，教师在开展重阳节主题活动时，可以关注重阳节的来源和各地重阳

节相同的习俗，提高幼儿的参与度。结合古代诗词来看，古代民间过重阳节时有秋游、佩戴茱萸、登高、制作重阳美食等习俗。重阳节传承至今，已经增添了尊重老人的主题。因此幼儿教师可以专注赏秋色、敬老人、品美食几方面，展开活动教学。加强潜移默化的品德教育，向幼儿弘扬中华优秀传统文化。

（三）加强重阳节艺术游戏活动的专题培训

幼儿的特殊性决定了幼儿教师任务的复杂性。教师忙于幼儿的一日生活，很少有时间扩充新的知识。结合幼儿教师的现实教育情况，幼儿园可以开展节日专题培训，邀请传统文化方面的专家举办讲座，不仅要面向教师，还可以面向家长。让双方都得以学习。这既是对下一步开展重阳节教育的铺垫，也是对自身人文素养的提升。通过家长、教师的讨论交流，可以做出关于"重阳节艺术主题活动教育实施"的弹性方案，包括需考虑的因素、注意的问题等。

（四）注重重阳节艺术游戏活动的环境创设内涵

轻松和谐的环境是保障教育效果的重要途径，在传统节日中，教师需要为幼儿创造愉快且贴合节日氛围的学习环境，为避免环境创设过于浮夸，可以请幼儿大胆参与节日环境的创造和设计，通过不同的感知获取与节日相关的信息，保证幼儿对传统节日的全面认知。在此基础上，教师应在原有环境基调上精心把控内容，突出节日重点，使环境创造和设计的重心围绕重阳节的传统文化和精神。

首先，教师可以选取与重阳节相关的习俗，布置教学活动环境，例如主题墙布置重阳节的关键元素——菊花、茱萸等。装饰活动室的门窗时，可以选择彰显重阳节元素的颜色，例如明黄色。其次，教师可以在不同的区域内投放和传统节日相关的材料，支持幼儿开展手工操作。最后，在幼儿园的公共区域内，可以选择体现重阳节元素的各类装饰，为幼儿渲染浓郁的重阳氛围，在生活中感知重阳节这类传统节日文化的美好。

总之，民族艺术文化教育是幼儿教育中必不可少的一部分，幼儿活动设计和民族文化教育息息相关，在教学中教师应当支持幼儿的学习与生活和中国传统节日相结合，构建以中国传统节日为主题的教学活动，践行科学的教学观，营造浓烈的重阳氛围。在轻松快乐的教学环境下，令幼儿的情感世界得到丰富，了解尊重老人的优良品质，令幼儿在生活中能够时刻关爱他人，对生活怀着感恩之心，提升幼儿园的教学活动质量，保证幼儿的快乐成长。

第三节 浅谈以幼儿为主体开展民族艺术主题游戏的实效性

文/任宝丽 崔华北

民族艺术主题游戏活动是要以幼儿为主体，从幼儿的兴趣中生发的，能支持幼儿进行深度游戏和学习的、以民族传统文化艺术为主题的游戏活动。恰当的民族艺术主题活动，适合幼儿的发展水平，符合幼儿的兴趣需要，能支持幼儿进行深度游戏和学习，培养幼儿的民族情感，促进幼儿成为德智体美劳全面发展的社会主义建设者和接班人。

一、发掘幼儿身边的民族传统文化艺术资源

幼儿已有的、身边的民族资源能够为幼儿园民族艺术主题活动提供丰富的支持。在日常生活中，幼儿会通过各种途径接触到民族艺术的各种内容．例如，民族园、身边的各民族小朋友、民族运动会等；观看演出时，欣赏到的民族歌曲、民族舞蹈、民族儿歌等；和父母一块旅游时，观看到的各种具有民族特色的建筑，如故宫、碉房、蒙古包、蘑菇房等；日常听到民族故事等；还有的家长从事民间艺术相关的职业，这些都有助于幼儿潜移默化地接触各种民族传统文化艺术。教师应在与幼儿的接触中观察和了解幼儿的已有经验，重视幼儿的已有经验和技能。在主题活动中，让幼儿同伴之间相互分享、展示自己了解和搜集到的民族传统文化艺术资料，促进幼儿之间的经验交流、相互学习，不仅可以丰富主题内容，还能充分发挥幼儿的主体作用。

二、选择主题要以幼儿的兴趣和需要为切入点

民族艺术主题游戏活动往往涉及一系列的领域活动，需要在一段时间内完成，当民族艺术主题的选择不适合幼儿时，民族艺术主题游戏活动就很难进行下去。因此，民族艺术主题内容的选择很重要。在确定民族艺术主题内容时，应该充分了解本班孩子现阶段最感兴趣的内容，在这些内容中选择适合本年龄段的发展水平并在继续探究过程中能提高幼儿能力的内容，放弃那些对幼儿来说已经非常熟悉的或者

没有继续发展价值的内容。在老师做好初步预设后，可以和班级幼儿开展讨论和谈话，以幼儿意愿确定最终的主题内容。

三、创设主题环境要突出民族性和互动性

开放式的环境能鼓励幼儿全身心地投入到活动中去，教师应充分发挥环境的育人作用，让环境与幼儿充分互动。幼儿可以通过创设相应民族环境的活动来学习，而环境的创设也能激发幼儿不断发现和学习的欲望。也只有在民族文化环境与幼儿交互作用的过程中，幼儿才能真正体验到交往和探索的乐趣。民族艺术环境应该更多地体现互动性，包括与老师的互动、与同伴的互动，这样的环境才是"会说话的活环境"，才能更好地发挥教育作用。幼儿在充满民族艺术氛围的环境中，通过与环境的互动，从游戏中受到了民族艺术美的熏陶，萌发初步的感受美和表现美的情趣，调动幼儿参与活动的积极性、主动性和创造性，对幼儿的身心和各种能力的发展都具有一定的促进作用。

环境的创设除了墙面环境，还包括区域活动环境。在民族艺术主题活动实施中，民族特色与区域活动环境要有机结合。幼儿在区域里活动时，教师要及时抓住幼儿好的创意作为推动民族艺术主题活动的"点"。

四、重视幼儿的操作和体验为幼儿发展带来的价值

在促进幼儿的主动学习和自主探究方面，教师应给予幼儿实践的机会，让他们在操作中学习。为了满足好奇心，幼儿会不断探索和提问，教师应提供适当的引导和提示，帮助幼儿积累经验并自行发现答案。整体民族艺术主题活动的设计应从幼儿的角度出发，引导幼儿通过自我操作实践、反思体验、再实践的循环方式学习。这种从实践到理论，再从理论回到实践的过程，可以锻炼幼儿发现问题、思考问题和解决问题的能力，而且体现了以幼儿为主体的教学活动的实效性。同时，社会性的学习是一个从情感体验到情感内化的过程，幼儿在自我体验中逐渐形成自己的感受和领悟，从而发展社会性。例如，在中班下学期，幼儿的社会性品质明显发展，合作、竞争、分享等行为显著增多。通过关注幼儿的"最近发展区"，在民族艺术主题游戏活动中，可以利用小组活动的形式，有效促进幼儿间的合作、交流以及解决问题和处理问题能力的提升。

五、依托家园合作深入推进民族艺术主题活动发展

在家园合作的基础上，多民族家长资源能够极大地丰富和补充民族艺术主题活动教育资源。通常可以采用以下两种方式。

家长作为知识经验的提供者：家长可以分享他们的民族艺术知识和经验，为幼儿园提供丰富的教学内容。这种直接的资源共享，不仅丰富了课程内容，还增强了课程的多样性和文化内涵。

家长作为活动参与者和反馈者：家长可以作为参与者参与到幼儿园的民族艺术主题游戏活动中；活动结束后，他们可以提出意见和建议，或利用自己的经验对活动进行补充，从而提升活动的质量和效果。

此外，幼儿园可以邀请对民族艺术有深入了解的家长亲自组织活动，甚至暂时替代教师的角色，成为活动的"老师"，直接向幼儿们传授和展示民族艺术相关的知识和技艺。这种模式不仅加强了家园之间的联系，还促进了民族传统文化艺术的传承。

通过家园合作，民族艺术主题活动得以深入和丰富，为幼儿提供了一个多元文化学习和体验的平台，同时也强化了家庭与幼儿园之间的合作关系。

第四章

教育故事

苏联著名教育家苏霍姆林斯基曾说，如果你想让教师的劳动能够给教师带来乐趣，使天天上课不至于变成一种单调乏味的义务，那你就应当引导每一位教师走上从事研究这条幸福的道路上来。同时他建议每个教师都来写教育日记，认为这些记录是思考和创作的源泉。

幼儿园教师在日常工作中，时时面对好动、天真的幼儿，需要用各种方法来解决各种烦琐的问题，把各种突发的情况转化为教育契机。这些鲜活的教育教学实践，是教师教育智慧的闪现和累积。真实地记录下这些教育小事，可以帮助教师累积点滴的教育机智，不断提升教师专业素养，促使教师从丰富、生动的教学实践中提炼教育智慧，验证并得到新的理论认识，逐渐从一名经验型教师成长为一名研究型教师。

一、什么是教育故事

教育故事，即教师用适宜的讲述方式叙述在日常教育实践中留下深刻印象的各种鲜活的课程事件，这既有助于教师和幼儿发出真实的声音，也有助于研究话语的丰富和多元，促进理论与实践的对话。简单地说，幼儿园教育故事就是依据幼儿教育基本理念，以日常保教生活中的人物和事件为素材，对保教过程中出现的事实进行分析、比较、评价、体会，经过教师提炼而形成典型的记叙性短文。通过幼儿园教育故事，将感性经验上升为理性认识。

教育叙事，则是在讲教育故事的基础上，通过对故事进行感悟和反思，发掘或揭示隐藏于这些故事背后的教育思想、教育理论和教育信念，从而发现教育的本质、规律和价值。

二、教育故事特征

1.陈述的是保教过程中发生的一个相对完整的真实事件，有人物、有环境、有事件发展的过程、教师的思考等。

2.故事描写生动形象、趣味新颖。描述中除了有人物的语言——对话和行为，还有一定的细节，比如人的表情、心理活动、当时的气氛等。

3.故事的叙述文字简洁、流畅，篇幅短小精悍，不宜过长。

4.教育主题鲜明。能反映教师先进的教育思想、理念、策略和方法，给人以启迪。

三、教育故事分类

在幼儿园保教实践中，学习故事、游戏故事、课程故事、教育叙事之间又有什么异同呢？

表 4-1-1　教育故事的分类及异同比较

项目		学习故事	游戏故事	课程故事	教育叙事
相同点		1.基于叙事的讲述方式：都是通过叙述事件来呈现教育过程，而不是单纯的观察记录或理论分析。 2.关注学习过程：都关注幼儿的学习过程，而不是单纯的结果或评价。 3.反思与学习：都强调通过讲述故事来反思教育实践，并促进教师和幼儿的学习。 4.促进沟通与理解：都有助于教师、幼儿、家长之间进行沟通和理解。			
不同点	主体	教师	幼儿	教师	教师、幼儿、家长、研究者等
	内容	儿童学习过程中的"哇"时刻	幼儿游戏过程	教育实践中的各种事件	课程开发、实施、评价等过程
	目的	促进儿童学习与评价	促进幼儿游戏与学习	促进课程完善与发展	促进教育理解与反思
	形式	图文结合，描述儿童学习过程	幼儿绘画与符号表征	文字叙述，记录课程实践过程	多样化，包括课程故事、学习故事、游戏故事等
	理论基础	新西兰 Te Whariki 课程	安吉游戏	园本课程开发	多元化，包括叙事理论、行动研究等

总体来说，学习故事、游戏故事、课程故事都是教育叙事的特定形式，它们在主体、内容、目的、形式等方面存在差异，但都强调通过叙事来促进教育理解、反思和学习。教育叙事是一个更加宽泛的概念，它包含了学习故事、游戏故事、课程故事等多种形式，并以叙事理论、行动研究等为基础，旨在促进教育实践和理论的共同发展。

下面，详细介绍幼儿学习故事。

幼儿学习故事，通常指的是记录和反映幼儿在幼儿园学习过程中的经历、体验和成长的叙事。其核心是以儿童为中心，充分尊重并发挥他们的兴趣、能力和选择。它倡导一种开放式、生成式、呼应式的教学模式，让儿童在"儿童—环境—关系"的模式中自由探索，达到终身学习、可持续学习的目的。在这个过程中，教师扮演着至关重要的角色。他们不干预，只是静静地观察，为儿童提供广阔的自我发展空间。儿童在这样的环境中，积极主动、敢于探究、乐于创造，学习品质得以充分地发挥。

学习故事的核心是叙事性评价，它用故事的形式记录下儿童的学习过程，捕捉那些复杂而情境化的学习瞬间。这不仅帮助教师深入了解每个儿童的学习特点，也引导儿童参与自我评价，分享他们的学习经验和成长，使它成为幼儿知识建构过程中不可缺少的一部分。它与传统的评价方法不同，更侧重于形成性评价，关注儿童的学习过程和个体发展。这些故事不仅记录和理解了幼儿的学习过程，还体现了教育者对幼儿学习过程的观察、理解和支持，也为家园合作和幼儿的个性化学习提供了有力的依据。

每一个学习故事都由"注意"、"识别"和"回应"三大部分组成。

1. 注意：对儿童学习的观察（故事和照片）。

2. 识别：教师对学习的分析、评价和反思，如"我认为在这个情境中我看到了什么样的学习"，"关于 × × 小朋友，我今天又有了哪些新的认识"。

3. 回应：教师为支持儿童进一步学习制订的计划，如"我们还能做些什么，以支持、促进和拓展儿童的学习"。

也就是说，学习故事是在日常教育教学情境中所做的观察，用图文的形式记录下儿童学习过程的一系列"魔法时刻"，这些"魔法时刻"正是儿童学习过程中的关键时刻，即那些展示出儿童积极学习态度和心智倾向的瞬间。如好奇心、勇气、信任、坚持等，这些学习品质是儿童终身学习的基石。

需要注意的是，学习故事关注的是儿童"能做的"（Can do）、感兴趣的事情，而不是儿童"不能做的"、欠缺的地方。它是为了支持儿童进一步学习所进行的评价，关注的是学习过程，而不是对学习结果的测评。

学习故事可以记录儿童成长的连续过程，其持续性和连续性为幼儿自我认知和成长档案提供支持。它也鼓励教师和儿童发挥创造性，对教学和学习过程保持开放态度，不断反思和自我评价，促进专业成长。可以说，学习故事不仅是评价工具，更是一种教育哲学，鼓励教育者、幼儿和家长共同参与到儿童学习的过程中，共同建构幼儿作为学习者的形象。

在幼儿园实践中，教师需要注意：

1. 观察：教育者需要仔细观察幼儿的行为和反应，捕捉他们学习过程中的关键瞬间。

2. 记录：及时记录幼儿的言行和表现，可以使用文字、照片、视频等多种形式。

3. 分析：对幼儿的学习过程进行深入分析，识别他们的兴趣、需求和挑战。

4. 支持：根据幼儿的个体差异和学习需求，提供适宜的支持和引导。

5. 分享：将学习故事分享给幼儿和家长，鼓励他们进行反思和讨论。

6. 更新：随着幼儿学习过程的进展，不断更新学习故事，记录他们新的成长经历。

7. 尊重：尊重每个幼儿的个性和隐私，确保学习故事的记录和分享是恰当和非敏感的。

8. 整合：将学习故事与其他教学活动和评估工具整合，形成全面的幼儿学习档案。

在撰写学习故事时，一般的内容与结构如下：

主题：通常包含故事的标题、作者（教师或家长）、主角（幼儿）和时间等信息。

背景：简要介绍故事的背景，包括时间、地点、参与的人物等。

正文：详细描述幼儿的学习过程，包括他们的观察、思考、尝试、互动和反思等。

反思：教育者对幼儿学习过程的分析和评价，包括他们的兴趣、策略、挑战和进步等。

照片或作品：附上幼儿在学习过程中的照片或作品，如绘画、手工、建构等，以直观展示他们的学习成果。

家长反馈：家长对学习故事的回应和感想，可以增进家长与教师之间的互动和合作。

下面以表格形式为教师撰写整理学习故事提供参考。

表 4-1-2 学习故事记录表

记录者:

观察班级:		观察对象:	
观察时间:		观察地点:	
学习故事标题			
注意（观察）—— 发生了什么	提示：幼儿在游戏过程中的"魔法时刻"，真实记录观察到的场景和对话。有故事和照片。		
识别—— 进行了怎样的学习 （我看到什么样的学习正在发生）	提示：聚焦学习品质，如想象、挑战、好奇、勇敢、不怕困难、坚持、专注、认真、独立自主、探究、创新等，描述孩子获得的发展。		
回应—— 进一步支持策略 （我们如何支持你的学习）	提示：教师提出自己的构想，为幼儿提供哪些帮助和支持。		
家长反馈	提示：家长听到或看到故事时的回应与反馈。		

本章列出小中大班的学习故事、游戏故事和课程故事，这些故事并非完美的范例，只是呈现出在民族传统文化艺术探索过程中教师的观察与思考，以供读者辩证讨论。故事中的幼儿姓名均为化名。

小班学习故事：神奇的蜡染

文/刘珊珊

故事一：意外的发现

美工区的小朋友们围坐在一张宽大的桌子旁，热闹非凡。汐汐决定用油画棒和水彩，将心中的春意勾勒出来。汐汐手握油画棒，专注地在白纸上绘画。她的画纸上，蓝天广阔，绿草茵茵，还有几朵她最爱的小花，绚烂斑斓。"老师，我完成了！"汐汐挥舞着她的作品，满脸的得意。我赞赏地回应："太美了，汐汐！可以点缀一些水彩使你的画面更加丰富哦。"于是汐汐举起油画棒涂色，她耐心地绕过每一朵蜡笔画的小花，就在她洗笔的刹那，同桌的戴逢羽不慎撞倒了水杯，清冽的水流迅速涌向汐汐的画纸。汐汐惊呼："我的画啊！"小朋友们纷纷围观，却惊奇地发现，水彩在油画棒的部分竟止步不前，形成了一幅别有洞天的图景。汐汐睁大了双眼，她的画作仿佛被赋予了新生，层次分明，更显立体。"哇！我还以为会全部混在一起呢！"汐汐惊叹不已。我解释道："油蜡与水彩相遇，便有了神奇的隔离效果。"汐汐的好奇心被彻底点燃，其他孩子们也被这神奇的现象深深地吸引。

教师思考：

我欣喜一个不小心的"事故"，最终却意外地演绎成了一次生动的教学试验。小班孩子总是对新鲜事物充满着好奇，这个意外的水油分离现象，让孩子们亲眼见证了不同物质间的相互作用，这不仅是对科学原理的一次直观体验，更是对艺术创作无限可能的一次启示。

故事二：水油分离真神奇

我发现的水油分离。

小宇：喝汤的时候，会有油花漂浮在水面上。

小允：很油的盘子泡水之后，油会跑出来。

小李：火锅凉了之后，上面会有一层油。

确实，生活中水油分离的现象无处不在。为了让孩子们能更加轻松地探索这一现象，我们在益智游戏区精心准备了透明容器，注入了清水和多种不同颜色的油类。这样，孩子们便能直观地观察到水与油的奇妙分界，以及它们相互排斥时所展现出的迷人色彩和绚丽效果，从而在寓教于乐中领悟科学原理。

小明第一个发现，当他轻轻摇动容器时，油花开始在水面上漂浮，形成了一幅美丽的图案。他惊喜地说道："看，油像小岛一样漂浮在水面上！"其他孩子也纷纷效仿，他们发现，不同颜色的油花相互交织，呈现出绚丽多彩的效果。小允则注意到了另一个有趣的现象。她发现，当她将一个滴上油的盘子放入水中后，油脂会逐渐从盘子表面脱离，形成一颗颗小油滴，最终聚集在一起。她兴奋地告诉大家："看，油从盘子上跑出来了！"

大力对这一系列实验产生了浓厚的兴趣，他拿起画笔，记录下了这些美丽的瞬间，并兴奋地说："真漂亮呀，老师，快帮我拍下来！"大宝则希望能将这些实验结果保存下来，他提议："老师，我想把这个留下。"

教师思考：

在这一阶段，我和孩子们一起搜集生活中的水油分离现象，鼓励他们大胆尝试并给予材料上的支持，没有嫌这样的活动麻烦而让孩子们错失成长的机会。通过寻找和亲身体验，他们的经验也在原有基础上再次升级。

故事三：我与蜡染交朋友

小朋友的好奇心被彻底点燃了，在我们了解苗族蜡染的历史，欣赏了许多的蜡染作品后，孩子们的兴趣更加浓烈，我们开始了一次蜡染初尝试。孩子们和老师合作将班中的桌子拼成一长条，长达3米崭新的白纸给了孩子们广阔的创造空间，充足的油画棒、水彩已经准备齐全，我们开始了第一次不设限的蜡染尝试。

临临用绿色的蜡笔，画了一片小草，他对荔枝说："我画的小草真的不会被盖住，太神奇了。"荔枝说："你看我的，好像捉迷藏，颜料一抹白色图案就露馅了。"

佳佳则向旁边的小朋友展示了他的魔法："我画的圈圈有魔法，小水珠跑不出去。"小朋友们的眼睛都紧紧地盯着纸张，观察着水彩与油画棒接触的每一个瞬间。

大琪："这么漂亮，能穿在身上就好了。"

糖豆："怎么穿啊？纸是软的。"

玥玥："蜡笔在布上能画吗？"

教师思考：

孩子们提出了一些很好的问题，这些问题表明他们对蜡染技术有了进一步的好奇和探索欲望。于是美工区增加了许多的材料，例如：纸张、瓶子、手帕、石头、小木板等，鼓励幼儿结合其他材料大胆创新。

故事四：蜡染真美丽

随着孩子们创作出越来越多的蜡染作品，我们的美工区已经无法再容纳更多的作品。面对这一情况，我作为教师，提出了一个新的问题："这么多精美的蜡染作品，我们还能如何利用它们呢？"

玥玥："手帕做的丝巾，可以放在表演区跳舞用。"

翔翔："防染糊和拓板一起，可以作出民族风的服饰。"

小马："我画的小花，用来点缀植物角。"

大力："用蜡染小树来美化我搭建的城堡。"

很快，班里的各个区域都已经被蜡染装饰得非常漂亮了，可是孩子们对于蜡染的热度并未消减，我再次提出问题："这么多的蜡染作品还可以怎么办呢？"

叶子："可以送给爸爸妈妈。"

荔枝："送给其他班级的哥哥姐姐。"

书书："装饰幼儿园。"

最后经过讨论，我们决定办一个蜡染展览馆，做一次小小蜡染宣传家。

教师思考：

随着作品数量的增加，班级中已经无法再容纳更多的展示，这让我意识到，我们需要找到更多的方式来利用这些作品，让它们发挥更大的价值。最后，我们决定办一个苗族蜡染展览馆，做一次小小蜡染宣传家。不仅能够让更多的人了解到蜡染艺术，也能继续鼓励孩子们创新思考，发挥他们的想象力和创造力，让他们的作品得到更多人的认可和欣赏。

故事五：小小蜡染宣传家

起初幼儿邀请中班和大班的哥哥姐姐来班中体验蜡染技术，他们也带走了自己制作的小作品。

汐汐："今天我是小老师了。"

她在活动中感受到了自信和责任感。

小宇："真高兴哥哥姐姐能知道蜡染。"

小宇透露出了对于自己能将喜爱的艺术形式介绍给他人的满足感。

经过商议，孩子们决定在艺术节的活动中，做蜡染作品的展览，向更多的家长和老师们介绍蜡染。

教师思考：

蜡染体验活动架起了小班、中班和大班之间的桥梁。起初幼儿们邀请了中班和大班的哥哥姐姐来班上体验蜡染技术，这一过程不仅提升了小朋友们的教学与沟通能力，也让他们感受到了分享的快乐和自豪。于是决定在艺术节上做蜡染作品的展览，它不仅能向更多的家长和老师们展示蜡染的魅力，还能让孩子们的作品得到更广泛的认可，增强他们的成就感和自我价值感。艺术节的展览将家长和老师纳入了孩子的学习过程，这种家校合作的模式有助于构建一个支持性的教育环境。

活动小结：

幼儿天生具有探索周围世界的欲望，亲身体验直接感知能够满足他们的好奇心，激发他们的学习兴趣。教师的角色在于提供一个丰富的学习环境，让幼儿有机会进行这些亲身体验。教师还需要通过观察和倾听来理解幼儿的需求与兴趣，从而提供适当的指导和支持。通过这样的过程，幼儿不仅获得了知识和技能，还促进了他们在多个领域的整体发展。亲身体验帮助幼儿通过实际操作和观察来构建对世界的理解。在水油分离的实验中，幼儿直观地观察到了不同物质间的相互作用，这种直接的体验有助于他们构建初步的科学概念，促进幼儿对蜡染的兴趣和艺术创作。

小班学习故事：水拓画初体验

文/马雨梦

一、注意（观察）——发生了什么

真真到了美工区，对水拓画产生了浓厚的兴趣。问我，"马老师，这是什么啊？"我笑了笑，"这是水拓画。""好好看，怎么玩啊？"我指了指美工墙上的步骤图。她立刻会意，走到美工墙那里，仔细观察了步骤图。

第一步，倒入液体，于是她想打开塑料瓶，"咦，马老师，不对啊，这个里面的水怎么这么少啊？"我竖了竖大拇指，"真真，你观察得真仔细。这个是浓缩液，还要再加水，一瓶不够，再来一瓶，你去把这两个瓶子都装满吧。"真真拿上瓶子，去装水了。

第二步，将装有浓缩液的两瓶水倒入器皿里。

第三步，选择自己喜欢的色彩，"我喜欢粉色和蓝色。""好的，那你把想要的颜色挑出来，用滴管吸上来这两个颜色。"真真先滴了四滴粉色，"水"瞬间弥漫开来，"马老师，好神奇啊。""是的，你再滴几滴蓝色的。"我鼓励她。真真又拿起了一个滴管吸上来蓝色，在粉色的边上滴上了蓝色，画面充满了粉色和蓝色。

第四步，用梳子或者是塑料棒将画面划开，划出不同的纹路。真真选择了塑料棒，慢慢划动"水面"，"马老师，你看你看，有花纹了，好漂亮啊。""还真是，你可以再划划，还可以出现不同的纹路。"说完真真继续尝试。"马老师，我划好了。""好，现在拿出宣纸，立刻盖在"水"面上，你的作品就完成了。"真真拿出宣纸，轻轻附在"水"面上。我帮助真真将画拿出，展示给真真看。"哇，真好看。"真真拍着手说。"是的，现在我拿出去晾干，你就能见到非常漂亮的作品啦。""耶，我好期待。"真真笑着说。

图 4-1-1　幼儿水拓作品

二、识别——进行了怎样的学习（我看到什么样的学习正在发生）

1. 真真能自己根据步骤图米进行水拓画的尝试，非常认真，能仔细观察瓶子里的"水"不够的情况，与步骤图不一样，积极动脑筋思考问题，寻求老师的帮助。

2. 在遇到问题时能积极主动寻求教师的帮助，如怎样将瓶子里的水接满，能积极思考问题。

3. 具有一定的想象力和创造力，用塑料棒划出纹路，能及时观察划出的纹路不一样，所得到的作品也不一样。

三、回应——进一步支持策略（我们如何支持你的学习）

1. 多提供一些范画，鼓励幼儿进行不同的尝试，尝试将"水拓画"印在不同的材料上，如宣纸、丝巾、瓶子、手绢等。

2. 下次可以鼓励幼儿用多种颜色进行尝试，更换工具，用梳子来划纹路。

3. 帮助幼儿观察划的次数以及走向不同，出来的作品有什么不同。

小班学习故事：晕染画荷叶

文/贾慧娟

故事背景：

夏天到来，我在美工区投放了晕染画荷叶的创作步骤图，又增加了相应的毛笔、宣纸等材料。

步骤图：

1. 找到宣纸卡纸、毛笔、涮笔筒、彩笔四种材料。

2. 用绿色彩笔画出荷叶形状。

3. 用毛笔蘸水晕染，将荷叶完成。

娃娃家展示着幼儿与家人一起出游时的合影。有一天，婷婷给旁边的好朋友小雨介绍，"这是我，还有我哥，我们一起去公园玩，这是湖里的荷叶，咱们一起画荷叶吧。"

图 4-1-2 晕染画步骤图

一、注意（观察）——发生了什么

她们俩按照步骤图一起找到彩色马克笔、毛笔、水桶，准备尝试。先用绿色马克笔画了一朵荷叶，然后学着图上的步骤用毛笔点水晕染，可绿色的荷叶并没有晕染开。

婷婷一边说着一边又多蘸了点水自言自语道："是不是水太少了？"然后还在线条边上涂了涂，颜色并没有晕染开来。

婷婷着急地说："怎么不行啊。"说完她拿起绿色马克笔又画了一次荷叶，再拿毛笔蘸水晕染，还是没有成功。她想了想，嘴里嘟哝着："是不是这个笔太干了，我换一个试试。"然后换了另外一个颜色的马克笔，重复刚才的步骤，发现还是不行。

小雨一直看着婷婷在画，她似乎也觉得奇怪。难道是笔不对吗？她拿起绿色彩笔让婷婷试一试。婷婷用绿色水彩笔，又一次画了叶子，然后用毛笔点水，绿色的颜料逐渐晕染开，这次终于成功了。两人一起欢呼起来，接着，她俩又画了好几片，每一片荷叶都晕染成功了。

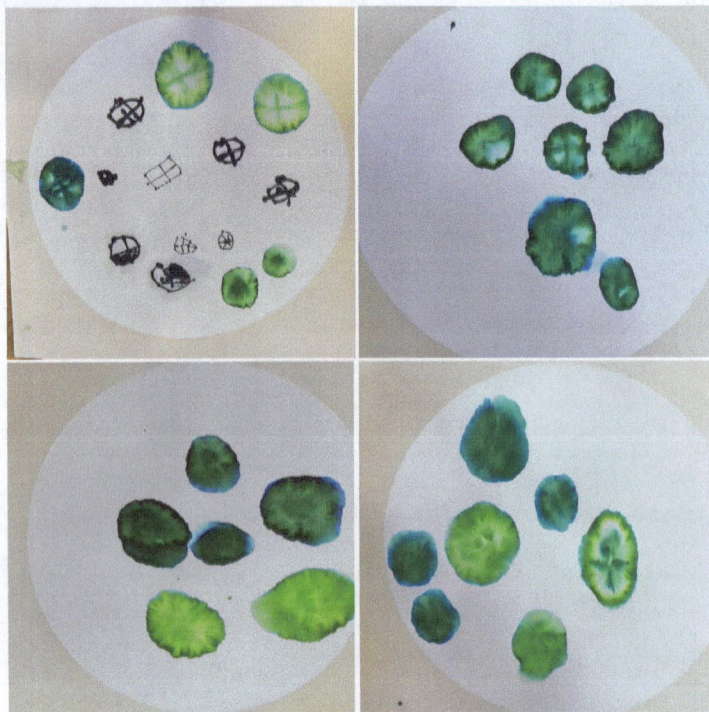

图 4-1-3　幼儿尝试晕染画，从无法晕染到晕染成功

在活动结束的分享环节，婷婷和小雨分享了她们俩的发现。

婷婷："我就是换了小雨那个盒子里的笔，用毛笔点一下，就能变成这样了。第一次用的那个笔就不行。"

我拿起两盒笔，给她们读了笔上面的文字："丙烯马克笔""水彩笔"。

小雨指着水彩笔说："我们用水彩笔能画出荷叶！"

二、识别 —— 进行了怎样的学习（我看到什么样的学习正在发生）

游戏中幼儿婷婷由兴趣引入自发绘画，遇到困难敢于尝试，自主探索，解决问题。第一次尝试晕染时，发现绿色马克笔不能出现晕染的效果，幼儿对之前的尝试进行了反思：是否是水太少？还是这支笔不行？然后进行调整，多蘸水、换其他颜色的笔再试一次，可还是没能成功。此时，朋友小雨递过来水彩笔，两人再次尝试，获得成功。同伴之间的模仿学习不仅仅是成功经验的启发，错误的经验对于同伴同样具有学习的价值。小雨的思考和换笔的尝试便是具体体现。她们在操作中习得了"马克笔不能晕染，水彩笔可以晕染"的初步感性经验。

三、回应 —— 进一步支持策略（我们如何支持你的学习）

1. 幼儿的学习伴随不断试错的过程，在多种尝试和体验中获得经验，在此过程中教师可以为幼儿提供丰富的材料，如水彩笔、马克笔、油画棒、油漆笔等，充分满足幼儿的探索欲望，支持幼儿自主解决问题。

2. 为幼儿提供交流表达的机会，鼓励幼儿分享交流，帮助幼儿梳理经验，使幼儿在梳理自我经验的过程中，对新旧经验进行整合，从而获得新经验。

3. 为支持幼儿不同层次的探索，丰富画面的美感，用投放水里的小动物、小昆虫等仿真材料或画法，激发幼儿进一步丰富画面的兴趣。吟唱与荷叶相关的诗歌等，丰富幼儿审美情感。

中班学习故事：赏月舞

文/马雨梦

一、注意（观察）——发生了什么

我们在区域中投放了一些铃鼓、沙锤类的乐器，孩子们对乐器很感兴趣，他们看到了乐器，便提议用乐器演奏《赏月舞》。

龙妹妹："豆豆，赫赫，我们今天用乐器来演奏吧。"

豆豆："可以可以，我来放音乐。"

龙妹妹："那我想用铃鼓来表演，但是铃鼓怎么拍啊？"

豆豆："我会我会，家里之前有这个乐器，姐姐教过我，这有一个洞洞，大拇指伸进去抠住，然后其他四根手指扶好鼓面，另一只手拍就可以了。"

龙妹妹："是这样吗？我怎么觉得我的大拇指抠不住啊，这可怎么办啊？"

豆豆："别着急，那这样呢，就是大拇指不抠进那个洞里了，直接扶住边边会不会好一点？"

龙妹妹："嗯嗯，可以了，豆豆你可真聪明。"

赫赫："你们讨论什么呢？我想用沙锤来表演。"

豆豆："没问题啊！那我和龙妹妹用铃鼓。那我去放音乐了。"

随着音乐的播放，幼儿用铃鼓和沙锤进行演奏。

龙妹妹："我觉得铃鼓的声音太大了，听不见赫赫摇沙锤的声音了。"

豆豆："要不然我们分 A 段、B 段来表演吧，这样是不是就能听见沙锤的声音了？"

赫赫："这真是一个好办法，那我们一起来试试吧。"

龙妹妹："好的！"

他们进行了尝试，但是铃鼓的声音还是有些大，而且幼儿会追着其他乐器走，不能很好地按照自己的节奏去演奏。

豆豆："不行，这样铃鼓的重音就体现不出来了，要不然我们的铃鼓只在重音的时候敲一下，其他让沙锤来代替好不好？"

赫赫："我觉得这个提议很不错，我们来试一试。"

龙妹妹："或者长音的时候铃鼓和沙锤一起摇会不会更好？"

豆豆："嗯嗯，我们都可以尝试一下。"

最终，经过多次尝试，他们完美完成《赏月舞》的演奏。

二、识别 —— 进行了怎样的学习（我看到什么样的学习正在发生）

你在活动中表演得非常努力、优秀，让老师印象很深刻。你遇到问题能积极想办法解决问题，遇到不懂的就积极寻求帮助，并且及时进行尝试，遇到困难也不气馁，很好地体现了坚持、不怕困难、勇于尝试的良好品质。你和同伴们在活动中能积极合作，努力让每一个声音都能被听见。尊重同伴的想法，并且积极进行实践，充当了一名融合剂，让氛围更加和谐融洽。面对伙伴提出的怎样使用乐器这一问题时，你能积极帮忙，让老师刮目相看。对小伙伴的帮助，得到大家的一致表扬和鼓励。合作才能配合出最好的效果。积极肯定他人的想法，尊重别人，老师希望你能继续保持这份热忱，不仅在活动中，更在未来的生活中，继续帮助同伴解决问题，做一个"赠人玫瑰，手留余香"的好孩子！老师期待你们在下次活动中依然这么出色，期待你们在其中能找到更大的发展空间。

三、回应 —— 进一步支持策略（我们如何支持你的学习）

1. 针对你遇到问题积极寻求帮助，并且不断尝试新办法，在遇到问题时也能积极提出新想法，帮助伙伴更好地进行合作表演，让每一名伙伴都在演奏中发挥自己的特长，在后期的活动中老师会为你提供更多参考，让你能有更大的发展空间。

2. 你与同伴积极有效合作，尊重他人想法并积极付诸实践，用行动来支持。老师们也会利用餐前活动时间，让你与其他同伴们分享在活动中如何有效地与同伴合作，让同伴们都积极向你学习，增强大家的合作意识与精神。

3. 你勇于克服困难，积极帮助同伴解决问题，迁移家中的经验帮助同伴进行尝试，并且根据同伴的情况提出新办法。你尊重同伴的想法，并且用行动来支持，进行演奏后发现提出的办法并不能很好地解决问题时也能提出新想法，在游戏中充当一名主导者。老师也会多多表扬、鼓励你，让你能在以后的生活里更多地帮助同伴解决问题，增强你的自信心。

中班学习故事：毛笔水墨画的故事

文/吴　迪

一、注意（观察）——发生了什么

自主游戏时间到了，丁丁拿了两张红色的纸和一支黑色马克笔开始画起来……她拿着画好的作品走到我面前说："老师，你看下我这个故事吧！乌龟和它的好朋友小兔子一起坐火车来到小山羊的家里，他们三个一起在院子里捉迷藏，却不知道院落外面有只大灰狼……"我点了点头说："你创编的故事真精彩，可是为什么你没有涂上好看的颜色呢？"她看了看我，指着画说："嗯其实我想用水墨画出来，但是我怕画不好，所以没有给作品涂上颜色。"我追问道："那你尝试了吗？"她摇了摇头，我看着她并拍了拍她的肩膀说："我相信你可以的。"她受到了我的鼓舞，就去美工区开始了水墨画的准备工作，按着之前学的儿歌开笔，嘴里念叨着："一捻、二蘸、三摇、四蹭。"开完笔，她比画着正确的持笔姿势开始绘画……自主游戏结束了，丁丁也完成了她的水墨故事，她很高兴地对我说："这次我相信我是可以的了。"

图 4-1-4　幼儿用毛笔画故事

二、识别——进行了怎样的学习（我看到什么样的学习正在发生）

在幼儿游戏的过程中，孩子自发地能够将自己创编的故事画下来，并且自信地讲述出来。通过与孩子沟通，发现幼儿有意识地去挑战更有难度的艺术表现手法时，孩子开始自我怀疑和否定，缺乏自信心。同时用水墨来呈现故事内容和情节，确实难度大。当老师用语言和动作神态鼓励幼儿时，幼儿敢于尝试克服困难，在尝试过程中幼儿还能够用掌握的儿歌和正确的执笔姿势来进行绘画，最终用自己的理解和绘画技巧完成了今天的水墨故事挑战，获得了自信心，在遇到挑战时，要先去尝试，才能知道自己是否能够成功。

三、回应——进一步支持策略（我们如何支持你的学习）

1. 根据幼儿的原有经验和兴趣需要鼓励其接受有挑战性的任务。
2. 支持幼儿与外部环境积极互动，探索尝试解决问题。
3. 引导幼儿回顾活动，支持个体表达和集体的多元表达。
4. 倾听幼儿的声音，理解其感受和体验并积极回应。

中班学习故事：探索毛笔的使用

文/隗利洋

一、注意（观察）——发生了什么

最近班级开展了"墨韵纸上"的水墨主题，孩子们对毛笔产生了很大的兴趣，艾米说："这个毛笔软软的，摸着真舒服，老师我想用毛笔画一幅画送给妈妈。"我说："好的，你想好画什么就可以去画了。"艾米说："我想画一个妈妈和一个小孩。"说完艾米就打算开始画了。拿毛笔的艾米吸引了悠悠的注意，悠悠站在艾米旁边，静静地看着艾米画画。看了一会儿，悠悠说："我也想画。"我点头示意悠悠可以去画，她准备好纸笔后，蘸完墨汁就开始画，只见纸上出现了一大块黑黑的墨迹，悠悠站在原地看看画、又看看我，又低头看看画。艾米看见后说："哎！你这个不对，你都画成大墨疙瘩了，你这个笔你得刮一下，要不墨太多了。"艾米接过悠悠的笔，给她演示了一下怎么"刮笔"，悠悠认真地看着，看过后，悠悠拿过笔肯定地说："我知道啦！"接过笔后悠悠并没有直接画，而是又蘸了墨汁，不同的是，这次悠悠按照艾米教的那样，自己刮了刮笔，将多余的墨汁都刮掉了，刮掉后开始在那张沾满墨迹的纸上又画了起来，画了几笔，悠悠确定了这样就不会有大块黑墨迹后，抬头看看艾米，又看看自己的纸，说："我这个画毁了，我想再重新画一张。"随后，拿到新纸的悠悠又开始画了起来。

图 4-1-5　幼儿探索毛笔的使用

二、识别——进行了怎样的学习（我看到什么样的学习正在发生）

1. 悠悠看到艾米在拿"毛笔画画"后，产生了浓厚的兴趣，对"拿毛笔画画"充满了好奇，也想要尝试一下。

2. 悠悠没有直接说要尝试画，而是静静看了一会之后，通过观察艾米的画以及画画的动作、姿势后，提出了尝试的请求。

3. 当遇到"墨迹印染"的问题时，悠悠没有放弃作画，而是通过和艾米的互相学习，模仿艾米的"刮笔"动作。

4. 幼儿在学会后，没有直接作画，而是通过实际操作来证实"刮笔"的作用，在证实不会出现大块黑墨迹之后才开始了自己的创作。

三、回应——进一步支持策略（我们如何支持你的学习）

1. 给予幼儿轻松、自主的学习环境。

2. 帮助幼儿创设"一帮一"互助小组，促进幼儿之间互相学习。

3. 利用区域点评时间，请幼儿分享经验。鼓励、赞同幼儿的自主学习方式。

4. 提供方便幼儿学习、使用的水墨材料，丰富可供参考的水墨画作品，提供绘画新思路。

大班游戏故事：妙"布"可言，有"染"而生

文/瞿 卉

一、活动背景

在一次幼儿吃午后餐点的时候，孩子们发现吃完红色火龙果后，舌头变成了红色，双手也被染上了红的颜色，他们相互看着对方的红舌头，有趣地说着笑着。当我看到幼儿兴奋的模样，我意识到这是一次难得的教育契机，我问幼儿："还有什么水果能染色呢？"于是，由水果引发的染色游戏活动开始了。

表4-1-3 对"吃火龙果发现舌头变红"这一现象的分析与反思

幼儿游戏过程（故事发展线）	分析	支持与回应	教师反思
吃火龙果发现舌头变红了。	活动缘起于幼儿生活活动环节，由舌头变红引发探索兴趣，以此为契机引发了游戏活动。	抓住幼儿好奇心，组织幼儿探索其他水果是否也可以染色，并进行简单尝试。	当幼儿对生活中的现象产生好奇和兴趣时，教师善于捕捉自主游戏契机，引发幼儿下一步探索。

二、活动过程

"什么水果能染出颜色呢？"幼儿用绘画、语言的方式表达出他们的猜想。在集体分享和倾听中，作为老师，我更加了解到这些猜想源于幼儿已有的生活经验。

表4-1-4　猜想环节的分析、回应与反思

幼儿游戏过程 （故事发展线）	分析	支持与回应	教师反思
（引发猜想） 猜想还有什么水果可以染色？幼儿开展桑葚实践体验，并对其他可染色物体进行猜想绘画。	教师从幼儿思维及学习方式出发，尊重幼儿直觉性思维方式，使幼儿在亲身体验的基础上进行表征与猜想。	教师尊重幼儿兴趣，为幼儿搭建个人、小组、集体探索交流平台，并进行操作体验。鼓励幼儿用自己喜欢的方式进行表征。	幼儿表征的过程是自主探索和思考的过程，并且幼儿依据现象进行猜想，有助于幼儿逻辑思维发展。

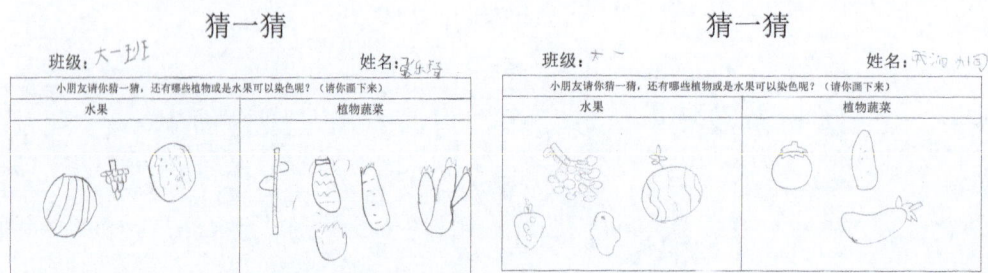

图4-1-6　幼儿通过绘画表达自己的猜想

幼儿看到教室里摆放着的多种水果、白色的棉布和袋子展现出了强烈的好奇心。他们兴奋地提议，要用这些水果来染制漂亮的作品。他们结合自己的生活经验，动手尝试用不同的水果、不同的工具和不同的染色方法进行染色，验证自己的猜想。当他们看到放置很长时间、不是很新鲜的水果，在孩子们的探索中变成漂亮的作品之后，脸上露出了喜悦的表情。

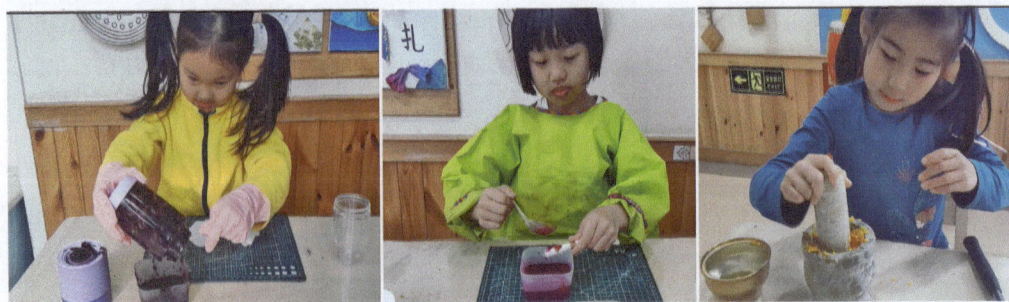

图4-1-7　幼儿用各种方法制作水果泥染色

当幼儿全身心地投入到变换图式的探索中时，他们的脸上总是洋溢着令人着迷的表情。他们细心地摆弄着水果，尝试用各种方法将其捣碎，并仔细观察这些操作

所带来的显著变化。对于幼儿而言，黏糊糊的物质总能带来一种特殊的愉悦感，他们热衷于见证事物从一种状态转变为另一种状态的过程。"变换"图式的力量，不仅有助于幼儿自身的成长，也为教师提供了新的视角，以便为他们提供更为合适的支持性材料。

幼儿发现班里有很多绿植，树叶可不可以染色呢？那就试一试吧。幼儿用小锤子把树叶里的汁水砸出来，这样就可以染在布袋上了。在一对一的倾听中，幼儿发现有的地方颜色很少，因为这些地方没有被小锤子敲到，所以叶子里的颜色没有印在布袋上，幼儿对印染中敲击的过程有了初步的分析和思考。

图4-1-8 幼儿在布袋上摆放花草

图4-1-9 幼儿合作用胶带固定花草

图4-1-10 幼儿用锤子敲击花草出汁水

图 4-1-11　幼儿花草染成品

图 4-1-12　幼儿用草莓泥画画

在教室里，虽然有很多开放性的材料供幼儿探索和制作，但那些可回收的材料，尤其是那些看起来不那么新鲜或稍有损伤的蔬果，对幼儿来说却有着特殊的意义。例如，豆豆不仅用桑葚泥进行染色，还拿起毛笔，用桑葚泥进行书写和绘画，他安静地、全身心地投入到这一深度的探究活动中。这些活动不仅丰富了幼儿的游戏体验，也促进了他们创造力和想象力的发展。

表 4-1-5　实践探索环节的分析、支持与反思（1）

幼儿游戏过程（故事发展线）	分析	支持与回应	教师反思
（实践探索）水果染色：捣碎染、榨汁染、压染。	首先，幼儿在亲身体验中验证猜想，得出结论；其次，幼儿选择不同的工具和方式进行染色，在探索、体验、对比中发现不同染色方式的效果不同，由此幼儿对染色工艺萌发更深的兴趣。	在幼儿的探索实践中，教师退后观察，为幼儿创设适宜的环境，以支持幼儿的实践和探索。另外，幼儿在不同的染色方式中获得不同的体验，并对染色工艺有了新的认知和经验。	传统民族手工艺制作是人们代代相传的劳作经验的结晶，它从生活中来，再到生活中去，为我们生活所需要。而这种手工艺制作离我们并不远，在幼儿生活中也正在发生，但需要我们及时敏锐地发现，从而支持幼儿探索，萌发对传统民族手工艺制作的兴趣。

有了树叶拓染的经验，幼儿开始尝试用花草染色了，幼儿把花瓣和树叶拼摆成自己喜欢的图案，当他们发现用花草染袋子的时候，花草总是会移位。于是，幼儿想到用胶带固定花草的位置。在用胶带固定花瓣和树叶的时候，他们发现一个人很不好操作，但并没有向老师寻求帮助，而是请同伴帮忙，与同伴配合完成粘的动作。

表 4-1-6　实践探索环节的分析、支持与反思（2）

幼儿游戏过程 （故事发展线）	分析	支持与回应	教师反思
幼儿粘贴时出现问题，第一反应，并没有向教师求助。	游戏中幼儿双手配合，扯开胶带并将其整体粘在袋子上遇到困难。	教师退后，并鼓励幼儿与同伴合作。	大班幼儿的经验习得，同伴的合作是一种很有效的方式。在接下来的游戏中，可以继续激发幼儿尝试合作，进行自主学习。

　　在植物拓染的过程中，花草由于汁水太少，只能染上一点点颜色，他们就尝试用各种方法使花草挤出更多的汁水。幼儿在用小锤子砸的经验的基础上，常使用刮和压的方法，尝试让植物里的水分更多地染到布袋上。一个小组的幼儿发现用小锤子砸后效果并不理想，于是他们找来积木，将小锤子和积木压在花草上，放上垫板，尝试用更多物品的重量将花草里的汁水挤出染在布袋上，当他们撕开胶条，看到拓染效果后，开心地说要送给妈妈。

表 4-1-7　实践探索环节的分析、支持与反思（3）

幼儿游戏过程 （故事发展线）	分析	支持与回应	教师反思
幼儿根据花瓣在敲击下的不同现象进行了解释，哪些地方需要继续敲，哪些地方不需要。	游戏中幼儿能够逻辑清晰地根据现象进行分析并表达。	教师根据幼儿表征进行连续追问，帮助幼儿厘清思路。	游戏后的分享与交流，使幼儿对印染中敲击的过程有了初步的分析和思考，并且引发了下一步探索。
幼儿想到用重力增加压力，使汁水更好地流出。	幼儿从敲击想到增加重力，企图改变外力影响效果，幼儿出现了新的猜想。	在幼儿的尝试中，安静地观察，给予幼儿自由探索的环境。	幼儿由敲击想到利用外界物质增加重量，幼儿开始了探索和求证，出现了新的猜想，这不正是游戏的价值和意义吗？

　　他们用积木条使劲刮，用小锤子敲击，另一个小组习得了同伴的经验之后，4个小男生尝试用自己的身体重量来压，4个人叠罗汉加大压的重量和力度，幼儿在操作尝试中，逐步发现力度、重量、时间和染色之间的关系。

图 4-1-13　幼儿用增加重量的方式压出花草汁水

表 4-1-8　交流思考环节的分析、支持与反思

幼儿游戏过程 （故事发展线）	分析	支持与回应	教师反思
（交流思考） 幼儿交流中提到1人体重大概50斤，累积4人体重大概重量的表征和思考。	幼儿以生活经验为出发点，对重量出现了初步的预估，并进行了累积，在游戏中对数量有了一定的理解，并尝试用数学解决问题。	不予纠正幼儿加减运算中出现的偏差，而且鼓励幼儿对数量有了使用，幼儿感受使用数学解决问题的乐趣。	游戏不是某一项能力或者表征的发展，是幼儿综合多感官、激发多元智能作用的过程。幼儿在游戏中的学习是复杂的，它能使幼儿同时获得多元的发展。

　　在游戏活动后，幼儿用绘画重现他们的探索，并向大家完整地阐述他在染的过程中做出的尝试、解决的困难，这些不仅有助于培养幼儿的沟通技能，还有助于促进他们对游戏的深度思考。

图 4-1-14 幼儿绘画表征制作过程 1、2、3

图 4-1-15 幼儿讲述花草染的步骤

表 4-1-9 回顾总结环节的分析、支持与反思

幼儿游戏过程 （故事发展线）	分析	支持与回应	教师反思
（回顾总结） 幼儿回顾游戏过程，如何发现用刮的方式，能够反观自己的学习经验。	教师以好奇的方式提出疑问，引发幼儿思考。	教师在赞赏中肯定幼儿的尝试，使幼儿感到自豪，激发幼儿增强自	幼儿的游戏过程是复杂的学习过程，也是幼儿自尊与自信培养的过程。

　　我倾听着幼儿的表达，回顾着他们在游戏中所做的种种尝试，心中满是欣喜，不由得表扬他们。我和孩子们共同在游戏中获得快乐和成长！

三、活动反思

1. 观察和适时地介入

观察是支持幼儿自主游戏的关键因素。教师观察和倾听，以决定何时进出幼儿的游戏。

幼儿在进行尝试操作时，我在旁边与他们保持 1.5 米左右的距离，既能观察和听到他们的游戏进展，又不会对他们的独立探索造成打扰。我深知，游戏是属于幼儿的。教师可以推进情节，加入儿童的游戏，但不能掌控游戏。我控制自己想要去引导和介入的冲动，怀着一颗敬畏之心观察着，心里不时为他们的创造感到惊叹。当他们想要分享的时候，我会微笑地回应，让幼儿知道，老师会倾听他们的故事。

2. 重新审视一名教师在幼儿游戏时的角色和定位

（1）教师应尊重幼儿的游戏自主权，避免过度介入和掌控游戏。

（2）应充分重视游戏在幼儿教育中的作用，为幼儿提供更多有趣、富有挑战性的游戏机会。

（3）教师也要控制自己的引导和介入冲动，以敬畏之心观察幼儿的创造，并在幼儿需要时给予支持和认可。

大班课程故事：多彩的民族纹样

文/崔惠冉　马雨梦

一、缘起

假期中，班级中的几位幼儿去了西双版纳旅游，了解了傣族人民的生活并看到了少数民族穿戴的服饰。假期结束后，几位幼儿向大家分享了傣族特有的服饰、节日，就在大家讨论傣族人民穿戴的服饰时，乐乐展示了傣族的服装。面对这套与我们日常穿着不同的服装，孩子们纷纷讨论起来。

昕昕说："哇，这服装好好看呀，颜色好丰富哦。"

豆豆说："服装上还有图案啊，这些图案有什么含义呢？"

铭一说："我觉得这些图案都是动物，看起来像羽毛。"

小雨说："我认为看起来像很多方块，不一样颜色的方块。"

听到幼儿的讨论后，我非常开心地继续参与提问："这是傣族的服装，里面的图案会不会和傣族有关呢？"

小优说："我知道了，这些图案和傣族人民的生活有关。"

幼儿越看越好奇，这时钻钻说："我想起来了！我家有一件披肩，是妈妈去西藏旅游买的，她说藏族人民都穿这种，上面也有图案，特别好看！"

我问道："和傣族的图案一样吗？"

钻钻说："上面的图案不一样。"

小曾说："那是什么样的图案？哪天能拿来给我们看看吗？"

《幼儿园教育指导纲要（试行）》中指出："适当向幼儿介绍我国各民族和世界其他国家、民族的文化，使其感知人类文化的多样性和差异性，培养理解、尊重、平等的态度。"3—6岁是幼儿身心发展的关键期，也是其国家意识、民族情感的启蒙阶段。民族文化不仅是中国悠久灿烂传统文化的证明，也是中华民族文化宝库中最为珍贵的财富。因此，与幼儿一同走进"多彩的民族纹样"主题课程，不仅能提升幼儿感知美、创造美的能力，同时也能促使他们在探究过程中建立起强烈的民族自豪感。

二、活动意义

民族纹样是中华民族传统文化的重要组成部分，也是表现民族历史的一套完整的艺术形式。人们可以通过这些直观的艺术形式，表达对幸福生活的渴望。中国人爱好吉祥，纹样中多有吉祥的图案。中华文化源远流长、博大精深。民族纹样活动充分展现了中华民族传统文化之美。

三、活动过程

1. 初探纹样

过渡环节我与幼儿聊天的过程中，发现大家对于民族纹样有很多疑问。

依依疑惑地问道："什么是民族纹样？"

彤彤说："民族纹样都不相同吗？"

丁丁说："每个民族都有自己的纹样吗？"

红红说："我知道少数民族的衣服上会有纹样。"

基于幼儿的好奇与兴趣，孩子们在老师和家长的带领下，前往中华民族博物馆参观。路过民族服饰店时，我问道："小朋友们，你们知道这个服饰是哪个民族的吗？"

可可说："这个衣服和我们的不太一样，衣服下面还有边，衣服中间有好多马的图案。"

顺顺说："是不是这个民族的人会骑马呀？"

我说："没错，这个民族就是蒙古族，这是他们民族的服饰，上面有马的纹样，他们也被称为'马背上的民族'。"

带领幼儿参观完博物馆后，幼儿对民族纹样的兴趣更加浓厚了，对纹样的种类、意义充满了好奇。

图 4-1-16　幼儿喜爱的民族服装

2. "纹样"聚会

在深入探索之前，我提出了一个问题："大家知道纹样还有哪些图案吗？"这个问题一抛出，立刻就引起了孩子们的讨论。于是大家决定开展一次"纹样聚会"的活动，孩子们与家长们利用周末的时间搜集不同的民族纹样。

一楠说："看！这是我找到的龙的纹样，古代皇帝的衣服上就有龙，一些青铜器上也有龙的纹样。"

圆圆说："我找到的，也是我最喜欢的纹样是牡丹凤凰，这个纹样是美好、富贵的象征，很吉祥的！中国人应该都会喜欢的。"

丁丁说："我找到的是蝴蝶的纹样图片，我还带来了奶奶的围巾，上面就是蝴蝶纹样，很漂亮，也是吉祥如意的象征。"

我回应道："原来纹样有这么多，其实除了刚刚大家说的各种花朵和动物的纹样外，还有自然纹样和吉祥纹样，常用的民族纹样还有各种图腾，这些都是民族的象征。"

通过搜集、交流、展示实物，大家知道了纹样的多个种类。除了探索纹样种类外，孩子们还通过视频了解到纹样的故事。有一种纹样叫作"鸟纹"，相传鸟类是苗族姑娘山居生活的伴侣，苗族蜡染中的鸟纹多为欢快生动的形象，苗族姑娘借此纹样，寄托着对生活的美好憧憬与希冀。还有一种特殊的纹样叫作"饕餮纹"，饕餮纹是青铜器上常见的花纹之一，饕餮纹代表着智慧与精神意志，象征着内涵与特征，是器物的主要纹饰，体现了古代人民的文化生活。

通过了解纹样种类及纹样故事，提升了幼儿的探究能力及语言表达能力，继而为下一部分活动作铺垫。

3. 呈现纹样

通过对纹样种类和纹样故事的了解，孩子们又提出了新的问题。

天宇说："纹样是怎么做出来的呢？"

空空说："我也想做一个纹样。"

辰辰说："我想做一条龙的纹样。"

华华说："我好想做一个自己的纹样，好有趣呀。"

伴随着孩子们的好奇心，我们观察班级中的民族服装，阅读书籍，在网络寻找了有关服饰纹样的制作视频和图片。大家知道了民族纹样大部分都需要手工制作，这也让孩子们感受到制作民族纹样的不易。

苏苏说："纹样刺绣的线有很多种颜色，好好看。"

浩浩说："他们的针有好多呀，要不停地换，这也太难了吧。"

原来制作纹样使用的针和线都是特殊的，不仅材料特殊，就连手法要求也极高。这就要求刺绣师傅具有优秀的审美和高超的技艺才能完成这么精美绝伦的作品。

孩子们一致赞叹说："能创作民族纹样的师傅太厉害了！"

通过观察实物和利用多媒体了解民族纹样的制作过程，大家能感受到民族纹样意义非凡，不仅体现在纹样的图案意义非凡，更体现在创作者的用心。激发了孩子们想要探索民族艺术文化的欲望，激发了孩子们热爱民族艺术文化的情感。

4. 创作"纹样"

结合这段时间探索的关于纹样的相关知识，孩子们迫不及待地也想亲自设计纹样，用自己的方式表现出纹样的美丽。

沐一、顺顺、如意今天一起剪云纹花边，他们先一起看了民族纹样的书籍，共同讨论着如何利用剪纸的方法创作出来。

如意说："这个花边咱们可以先选择小一点的纸张练习一下，再用长一些的纸剪连续的。"

沐一说："我想我得照着图把花纹画出一半，再剪。"

顺顺说："嗯，那咱们先试试两个花纹连续的。"

说完，三个人开始拿剪刀，选取 A4 纸。

如意说："你们看这个花边呢，它是长的，所以应该用长条形状的纸就可以了。"

顺顺说："那要不，咱们把这个纸长边对长边，分成两半，就是细长的了。"

于是，如意将 A4 纸长边对长边，平均分成两半，给了顺顺一半纸。沐一也照着相同的方法，为自己裁取了细长的纸。

等待如意的云纹花边剪好后，我与如意讨论起来。

我："如意，你的云纹花边成功了，你觉得剪的时候应该需要注意什么？哪个步骤是比较难的？"

如意说："我觉得剪连续的云纹花边比较难，需要长一点的纸，对折的次数要增多，可是那样纸就会变厚，不好剪。"

这时，如意看到顺顺第一次剪的作品说道："咦？这个是断掉了吗？"

顺顺说："是的，因为剪断了连接的地方。看看我现在这个应该能成功了。"说完便放下手里的剪刀，慢慢打开自己的作品。

如意说："一定要慢一点，不然容易断开了。"

顺顺小心翼翼地打开，高兴地说道："耶，成功了！老师我和如意的都成功了！"

此外幼儿在活动时间利用绘画、扎染、拓印等形式来创作纹样，通过不同的艺术表现手法和鲜活的色彩搭配提升了幼儿表现美、创造美的能力。

图 4-1-17　幼儿剪纸制作民族纹饰

图 4-1-18　幼儿扎染制作民族纹饰

图 4-1-19　幼儿扎染制作民族纹饰

图 4-1-20　幼儿绘画制作民族纹饰

四、活动反思

1.幼儿成长与发展

兴趣是幼儿最好的老师，因此，充分激发幼儿的兴趣才能使幼儿真正进入到自主学习状态中。在"多彩的民族纹样"的主题活动中，幼儿大胆表达对民族纹样的疑问、自主探索有关民族纹样的故事并深入了解其含义，发现生活中具有民族纹样的各类物品，亲身感受纹样的风采，体现创作民族纹样的不易，在这个过程中既遵循幼儿的兴趣，又逐步深入，利用家园、社会等资源支持幼儿多方面学习，培养了幼儿良好的学习品质。

2.教师支持策略

《3—6岁儿童学习与发展指南》中指出："幼儿的学习是以直接经验为基础，在游戏和日常生活中进行的。"由此可见，游戏在幼儿生活中具有重要的地位和作用。因此，在开展此次主题活动中，以初探纹样为起点，了解幼儿的疑问并以参观的方式提升幼儿原有经验，再至开展"纹样聚会"的活动，探秘呈现纹样的方法和过程，体会民族艺术传承的伟大，丰富幼儿对纹样的认知并引导幼儿充分观察和了解纹样。最后创作纹样，逐步探索利用不同方式表现民族纹样的美和民族艺术的精彩。

此外，在民族纹样主题探索活动中，我们不仅要通过了解民族艺术文化和创设具有浓郁民族色彩的环境，使幼儿在潜移默化中受到熏陶，更要不断地挖掘和梳理合适的民族艺术活动，通过组织丰富多彩的艺术活动激发幼儿的探索欲望与表现能力，使其感受到民族纹样的魅力，促进幼儿多方面发展。

大班课程故事：彩绘民族纹样

文/崔惠冉

一、注意（观察）——发生了什么

小雨、漫漫、菲菲计划在美术区进行苗族民族纹样的绘画创作。

小雨带来了自己收集的民族纹样的艺术作品图卡，里面包含了太阳纹、鱼纹和蝴蝶纹的绘画作品。

她高兴地向漫漫和菲菲介绍："你们看这是太阳纹，它边缘的一圈就像太阳的光，里面的图形是圆形。这个像小鱼似的，就是鱼纹，还有这个蝴蝶就是蝴蝶纹。"

这时菲菲说："这些花纹很像之前咱们画过的线面画，不过就是感觉这个花纹更难一些，很多线条和图案。"

漫漫看了看说："我比较喜欢这个太阳的，其实它有点像向日葵，我觉得我可以把它和向日葵一起画。"

小雨说："我想用这个花纹装饰在民族挂毯上，就像墙上展示的那个。"

菲菲说："我想直接用这些花纹画画，涂上好看的颜色，就像美术馆里的那些装饰画一样。"

三位小朋友按照自己的想法开始准备材料：纸、颜料、水彩笔、荧光笔、细毛笔、铅笔、橡皮。

小雨和漫漫开始了创作，他们两个都先选择参考图片用铅笔画出线条和花纹。菲菲则思考了一会儿对我说："老师，你看这个民族花纹很好看，我有点看花眼了，从哪里开始画比较好呢？"

我回应道："我刚刚听你说，你觉得这个和线面画有些像，如果是这样咱们可以先观察这个民族纹样中装饰时所用到的图案、线条，观察它们线条的方向和图案是不是对称。你可以仔细看一看。"

菲菲说："好的，我明白了，我想用这个蝴蝶的花纹画装饰画，蝴蝶的花纹就是对称的。"说完，菲菲也取了纸和笔进行创作。

大概20分钟后，三位小朋友都完成了底稿的设计，漫漫说："这个花纹看着挺简单，画起来还挺不容易的，中间还要对称。"

小雨回应道："我这个也是，画完上边，下边的要反着画，自己改了好几次才画好。"

菲菲说："看我的蝴蝶纹样，我还画了一个花园，蝴蝶在花园里飞舞。"

三位小朋友交流后，开始选择涂色的工具，菲菲选择了荧光笔，小雨选择了颜料和细毛笔，漫漫则选择了水彩笔。

涂色环节漫漫提醒道："对了，我之前观察过，你们看民族衣服上的那些花纹，同样的花纹用的颜色也是相同的。"

这时小雨和菲菲转过头看了看柜子上摆放的民族服饰美工作品，说："嗯，还真是有规律的。"

说完，三位幼儿继续涂色，选择水彩笔涂色的漫漫速度明显比较快。在活动结束时，漫漫说："我用水彩笔涂得比较快，我想把我的作品给大家展示，放学后带回家。"小雨和菲菲还未完成上色，于是两个人约好下次继续完成。

图 4-1-21　幼儿绘制的民族纹样作品

二、识别——进行了怎样的学习（我看到什么样的学习正在发生）

1. 幼儿互动情况

幼儿互动较为积极、友好。例如，小雨能主动介绍自己收集的民族纹样图案，并且进行简单的介绍；其他两位幼儿能够认真倾听并欣赏，同时根据民族纹样的样式表达自己的看法。

2. 专注力情况

活动中三位幼儿从始至终保持积极主动参与状态，有明显的游戏目的，按照自己的想法和计划进行游戏。例如，三人共同围绕苗族纹样进行观察、讨论，并思考自己如何创作。

创作过程中漫漫也能主动提示其他两位幼儿民族纹样上色的规律，始终围绕同一目标进行游戏。

3. 发现问题及解决问题的情况

幼儿面对问题能够做到先自己尝试解决，再与他人进行沟通。创作过程中三位幼儿在绘画民族纹样上都遇到了一些困难，比如纹样比较复杂，要求对称，漫漫和小雨都是反复画了几次，菲菲则在观察之后主动寻找老师沟通，经过自己的细致观察和思考有了创作思路。

4. 创新情况

三位幼儿有一定的创新能力，如根据苗族纹样，结合美工区提供的材料和环境布置、欣赏的艺术作品等，以自己的发现和喜好，创作不同的绘画作品。例如，漫漫发挥自己的想象结合太阳纹样创作太阳花绘画作品。

三、回应——进一步支持策略（我们如何支持你的学习）

1. 注意提升幼儿的实践及创新能力

实践是创新的基础，在活动中为幼儿提供观察探索民族艺术纹样的机会，从而激发他们的创新意识。如在区域活动中增加民族纹样艺术品，通过幼儿自己观察、探讨、发现、动手设计、塑像、上色等一系列实践活动培养幼儿敢于表现美、勇于创新的精神。

2. 收集材料，丰富内容

提供增加美工材料，合理地利用身边的民族艺术资源，发挥它们的最大价值。幼儿平时生活中所用的很多物品都可进行利用，使之成为操作中的一项材料，生活中到处都充满着多元化的材料。例如，捡来的一块鹅卵石结合民族纹样可以做石头画，将身边的物品进行民族艺术创作，提升民族艺术在生活中的应用。

大班学习故事：冬不拉的传说

文/张汀鹭

一、注意（观察）——发生了什么

今天，我带着孩子们踏上了一段特殊的音乐之旅——《冬不拉的传说》。当我在课堂上展示冬不拉时，孩子们立刻被这个充满异域风情的乐器所吸引。他们好奇地围上来，用手轻轻触摸着，仿佛想要感受那动人的旋律。

俊俊说："老师，这个乐器看起来好特别啊，它是什么呀？"

我笑着回答："这个乐器叫作冬不拉，是新疆自治区常见的一种传统乐器。你们听听看，它发出的声音是不是很有特色？"

随着《冬不拉的传说》音乐的响起，孩子们立刻沉浸其中。

心心闭上眼睛，静静聆听，然后感慨地说："老师，我感觉我好像来到了一个很远很远的地方，那里的人们在欢快地跳舞。"

桐桐则摇摆着身体，模仿着舞蹈动作，他笑着对旁边的马梓琪说："你看，我跳的像不像哈萨克族的舞蹈？"

马梓琪笑着点头："像！你跳得真好！"

在自由舞蹈环节，孩子们的表现更是令人惊喜。他们不仅模仿了哈萨克族舞蹈的基本动作，还尝试着加入了自己的创意和想象。有的孩子模仿着舞蹈演员转动手腕的优美动作；有的孩子则自创了一些跳跃和旋转的动作，让整个表演更加生动有趣。

我注意到，孩子们在动作创编的过程中，不仅展现出了出色的想象力和创造力，还学会了相互学习和合作。他们互相观察、模仿，从彼此身上汲取灵感，不断完善自己的表演。这种合作学习的方式不仅提高了他们的学习效率，还增进了他们之间的友谊。

二、识别——进行了怎样的学习（我看到什么样的学习正在发生）

通过观察孩子们的表现，我深刻地感受到了他们对音乐的热爱和对新知识的渴望。他们在学习《冬不拉的传说》这首音乐时，不仅学会了欣赏和感受音乐的节奏与旋律，还尝试用自己的方式去表达和创造。

在动作创编的过程中，孩子们展现出了出色的创造力和表现力。他们不仅参考了我提供的示范动作，还结合了自己的理解和想象，创作出了许多新颖、独特的舞蹈动作。这些动作虽然简单，但却充满了童趣和创意，让人忍俊不禁。

我告诉孩子们："这首歌曲叫作《冬不拉的传说》，它讲述了一个关于勇气和爱情的故事。你们听听看，能不能感受到歌曲中的情感？"

俊俊认真地说："老师，我觉得这首歌曲很欢快，好像有很多人在一起庆祝什么。"

茹茹则补充道："对，我还听到了那种温柔的声音，好像是妈妈在唱歌给宝宝听。"

孩子们通过倾听和感受，逐渐理解了歌曲中的情感表达。他们用自己的语言描述着歌曲中的场景和情感，让我看到了他们纯真而敏感的内心世界。

同时，我也看到了孩子们在学习过程中的成长和进步。他们在相互学习和合作中，提高了他们的学习效率，还增进了他们之间的友谊。他们不断挖掘自己的潜力，展现出更加出色的表现。作为老师，我为他们的成长和进步感到由衷的欣慰与自豪。

三、回应——进一步支持策略（我们如何支持你的学习）

为了进一步支持孩子们的学习和发展，我采取了以下策略。

首先，我提供了丰富的音乐和视频资料，让孩子们能够更加深入地了解新疆的音乐和文化。这些资料不仅能够帮助孩子们更好地理解音乐的内涵和风格，还能够激发他们的学习兴趣与热情。

其次，我鼓励孩子们多进行实践表演，让他们在舞台上展现自己的才华和魅力。通过实践表演，孩子们不仅能够锻炼自己的舞蹈技能和表演能力，还能够增强自信心与表现力。

最后，我注重培养孩子们的创造力和想象力。在动作创编的过程中，我鼓励孩子们大胆尝试、勇于创新，用自己的方式去表达和创造。这种培养方式不仅能够激发孩子们的创造力和想象力，还能够为他们的未来发展打下坚实的基础。

通过这次活动，我深刻感受到了音乐教育的魅力和力量。它不仅能够让孩子们感受到音乐的美好和神奇，还能够促进他们的全面发展与成长。在未来的教学中，我将继续探索和实践更多有效的音乐教育方法与策略，为孩子们的音乐之旅提供更有力的支持。

大班课程故事：古韵青花

文/王　琰

一、注意（观察）——发生了什么

图 4-1-22　幼儿线描青花瓷

青花瓷图案在生活中随处可见，它以其独特的艺术特色被誉为中国的"国瓷"，是中国文化的象征。

洋洋："什么是青花瓷？"

丁丁："青花瓷是什么样子的呀？"

孩子们一个个瞪大眼睛观察图片，对青花瓷表现出了极大的兴趣。带着疑问与好奇，我们一起走进了青花瓷的世界。

在中班的时候，孩子们就接触了线描画，有了一定的线描画基础。到了大班，在主题活动进行到"瓷器欣赏"这个内容时，提到中国是这个世界上最早发明瓷器的国家。青花瓷丰富独特的形状、颜色、图案和花纹，激发了孩子们的兴趣。

二、识别——进行了怎样的学习（我看到什么样的学习正在发生）

初遇青花瓷：个别幼儿提出问题，教师帮助梳理，并下发调查表，全体幼儿回家自发地开始寻找生活中常见的青花瓷，以及青花瓷的资料。

琳琳："我见过青花瓷，有的碗、盘子上就有青花瓷的花纹。"

晨晨："我家也是，我家碗上也有青花瓷花纹。"

桐桐："我也见过，奶奶家有青花瓷的花瓶。"

彤彤："青花瓷的主要颜色就是白色和蓝色，我妈妈喝水的杯子上也有青花瓷。"

萱萱："老师，我们家里也有一个故事绘本叫《小青花》。"

幼儿自由分为6组，每组幼儿将自己调查的资料（有关青花瓷的知识）向其他组员进行分享、交流，同时选出一名组长，将组员们收集到的知识点，利用绘画、符号、简单的文字等多种形式进行汇总。

小组代表总结：青花本为瓷器釉彩名，后成为一种白底蓝花瓷器的专称。青花瓷是用含氧化钴的钴土作绘画原料，在瓷器胎体上直接描绘后，再罩一层透明釉，经高温烧制而成。

三、回应——进一步支持策略（我们如何支持你的学习）

根据幼儿的兴趣及大班幼儿的学习特点，我们四月开展《古韵青花》的主题活动。在活动开始之前，我们统计了幼儿好奇的一些问题，设计了调查表，利用家园共育的资源，邀请家长们和孩子们一起参与进来。一起调查青花瓷，研究青花瓷，创新青花瓷。孩子们可以以绘画的形式进行表达，家长帮助其进行文字描述。调查表收集回来后，以小组的方式相互介绍，将孩子们推选的优秀作品进行集体分享。知道了这些关键信息后，我们才可以进一步地探索。

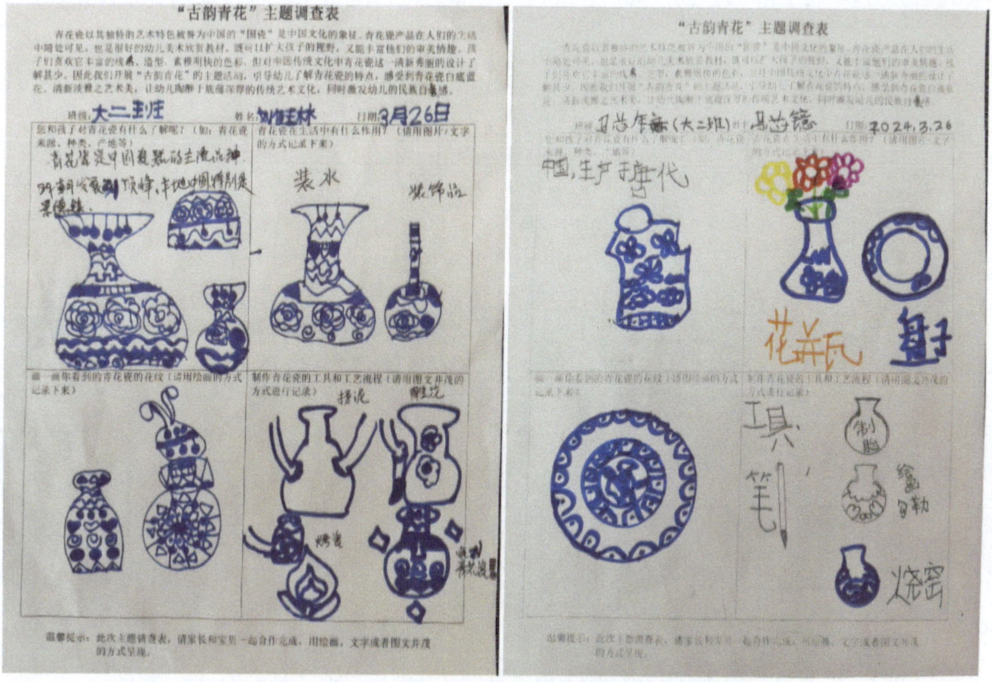

图 4-1-23 青花瓷调查表

图 4-1-24 幼儿讲解自己的青花瓷调查表

大班课程故事：妙剪生花

文/梁淇雅　于　净

一、引言

中国民间剪纸起源于春秋战国时期，与民族民俗有着密切关联。它是劳动人民在长期的生产和生活实践中为满足现实需要而创造出来的，具有自发性、业余性、娱乐性特征的视觉艺术形式。在人生礼仪、年节时令中，剪纸寓意着吉祥、美好，凝结着人们的美好愿望。

1. 课程缘起

在一次区域活动中，一本名叫《过年的新衣》的民间绘本引起了小朋友的围观和讨论：

幼儿1："这本书里面的图画好漂亮，是画出来的吗？"

幼儿2："应该是画出来的。"

幼儿3："不是不是，这些都是剪纸。"

幼儿4："哇，这些剪纸好漂亮，怎么剪出来的？我也想学着剪。"

幼儿5："对呀，怎样才能剪出这些小人呀？"

2. 教师思考

通过幼儿对剪纸的提问，感受到了孩子们对剪纸的浓厚兴趣。因此，我在幼儿园开展剪纸活动。

二、课程实施

1. 剪纸的发展

通过观看视频、老师讲解、亲子查阅资料等，幼儿对剪纸有了一定的认识。幼儿了解剪纸从古至今的发展历史，每个朝代不同的剪纸风格。在欣赏的基础上让幼儿以绘画的方式了解剪纸的不同图案和风格特点，有助于提高幼儿的审美能力，激发其对剪纸艺术的兴趣。

通过PPT展示丰富多彩的剪纸作品，帮助孩子欣赏、了解不同类型的剪纸作品，认识其特点。

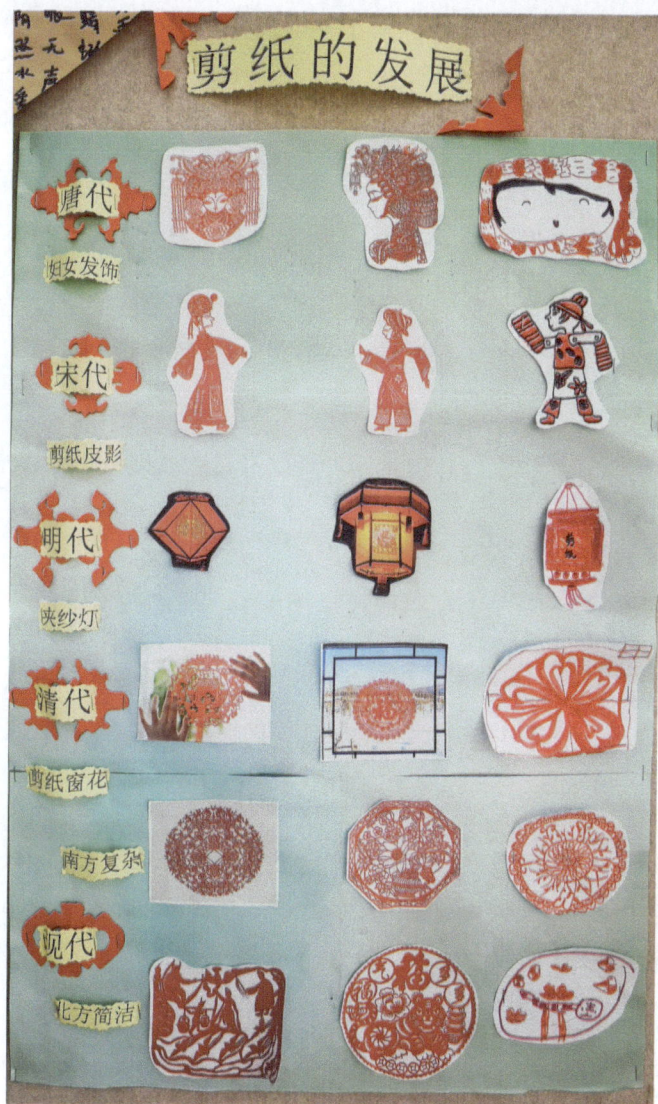

图 4-1-25　墙饰：剪纸的发展

2.剪纸我知道

（1）需要的工具

通过调查问卷的方式让孩子们自主学习探索剪纸需要的工具，更好地实现家园共育，让幼儿和家长去调查、收集生活中见过的剪纸，丰富幼儿对剪纸的了解程度。之后将孩子们调查出的剪刀、刻刀、笔、胶棒等剪纸工具进行总结和展示，让幼儿更加直观地了解剪纸所需要的多种工具，为接下来的剪纸活动做准备。在之后的主题教育活动中带领幼儿了解剪纸的步骤和形式，并尝试进行运用。通过问卷调查，小朋友们知道了剪纸的步骤及所需要的工具。调查发现小朋友对于剪纸文化和方法了解得并不多。

图 4-1-26　幼儿调查：剪纸所需的工具

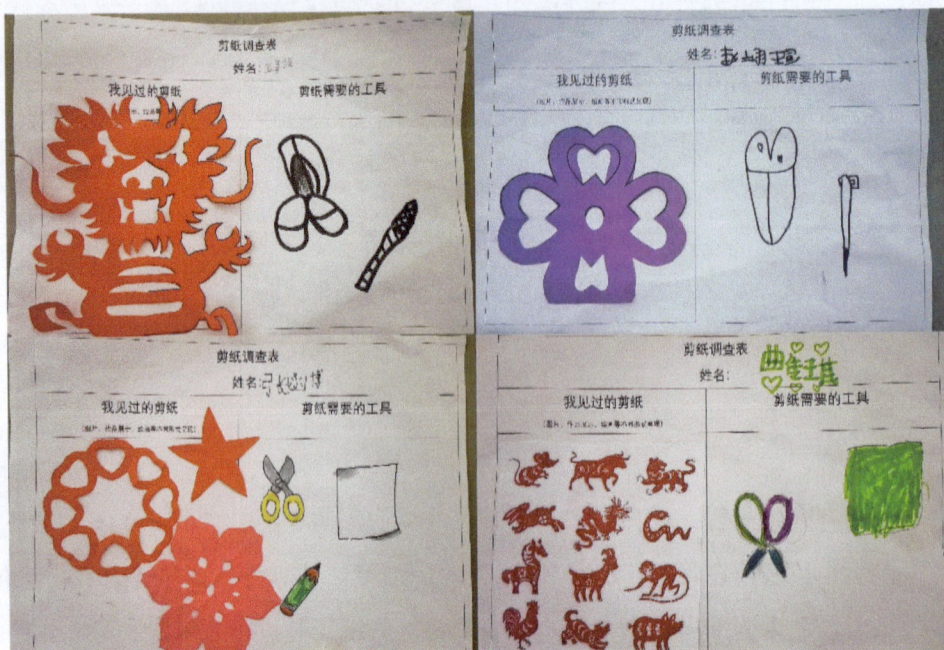

图 4-1-27　剪纸作品用到的工具

图 4-1-28 剪纸作品用到的工具

（2）遇到的问题

通过讨论，孩子们都认为应该从最简单的图案开始练习。

幼儿6："那从哪里开始练起来呢？"

幼儿7："画画的时候我们都是从画点开始的，我们应该也得从会剪点开始吧。"

幼儿8："我觉得应该从线开始。"

幼儿9："对，我同意，从线开始！"

于是，我们为孩子们提供了弧线、曲线、锯齿线等线条，孩子们试着从这些简单的线条开始剪，在循序渐进的过程中，帮助孩子们建立自信，激发孩子们的剪纸热情。通过开展与主题相关的剪纸教育活动，小朋友们尝试剪纸，自主发现在剪纸中遇到的问题并讨论解决的办法，将幼儿普遍出现的问题和讨论出来的方法进行展示，更好地帮助幼儿解决困难。

发现问题：在"二方连续剪纸"中，会出现剪的小人总是断的情况。这个时候小朋友通过讨论得出将画的小人的胳膊画到边上这一解决办法，帮助同伴成功地掌握"二方连续剪纸"的方法。还有在剪纸中间画的怎么剪？折不对称怎么办？想不好画什么花纹怎么办？这些大部分幼儿出现的问题都得到了解决。在这一过程中，体现了幼儿团结协作、解决问题的能力。

3.我是剪纸小能手

经过《妙剪生花》课程的不断实施，所有的孩子都掌握了基本的剪纸技能，对剪纸技能技巧的掌握有了进一步提高，更加娴熟，一部分孩子甚至能剪出十分精妙的作品，一起来看看孩子们制作的作品吧！

图 4-1-29　幼儿的剪纸作品展示

除了本班幼儿之间的交流分享，在掌握剪纸技能技巧的基础上，我们还进行本班幼儿与其他班幼儿之间、班级与班级之间的互动，将剪纸特色带进园里的每一个班级。针对不同年龄班的特点，我们班的小朋友向小班弟弟妹妹介绍简单的剪纸方法并展示作品，共同欣赏，激发小班幼儿的剪纸兴趣。向中班幼儿讲述剪纸绘本，让中班幼儿在故事中初步了解剪纸的技能和技巧。向平行班进行剪纸教学，分享剪纸方法，帮助同样是大班的平行班幼儿掌握剪纸技能技巧。在分享环节中，我们特意请平时比较文静、不爱说话的幼儿进行分享，给他们提供表达分享的平台，帮助他们大胆地进行讲述和分享。在这一环节中，孩子们都能向大、中、小班的小朋友们大胆且较为完整地讲述剪纸的相关内容，说明幼儿对剪纸这一主题非常感兴趣，对剪纸知识掌握得比较深刻，也帮助幼儿进一步提升了原有经验。

在分享环节后，我们尊重幼儿的兴趣，让幼儿根据自己喜欢的绘本进行分小组创作，将绘本内容以剪纸的形式进行呈现，将剪纸内容更好、更深入地开展，提高幼儿的想象力和创造力，帮助幼儿进一步创作剪纸作品。幼儿在了解剪纸绘本的过程中，知道了剪纸绘本的特点以及由来，了解到制作剪纸绘本时需要运用到各种剪纸方法以及技巧，根据故事内容进行相应的剪纸。

《3—6岁儿童学习与发展指南》中指出：幼儿喜欢把听过的故事或看过的图书讲给别人听。孩子们在分享自制剪纸绘本环节中，小组之间共同讨论、团结协作，锻炼了幼儿的专注力；与图书区相结合，通过讲述剪纸绘本故事，不仅提高了幼儿的语言表达能力，同时还培养了幼儿的自信心，让幼儿敢说、想说、会说，激发幼儿的阅读兴趣和剪纸兴趣。

三、区域联动

将此次主题与美工区相结合，由主题墙延展到美工墙，创设"剪纸坊"环境，投放有关剪纸的图书、从简到难的步骤图以及各种剪纸工具，使幼儿在宽松的氛围中创作剪纸作品。剪纸坊全方位地展示幼儿创作的作品，激发幼儿的创作兴趣。这里不光展示幼儿创作的有代表性的大幅作品，还展示了老师的示范作品。在右边这一剪纸蝴蝶板块中，难度较大的作品是由老师进行示范剪的，目的是在老师的引导下，幼儿跟随老师的剪纸步骤大胆地进行自主创作，保证每一个幼儿的作品都得到展示，增强每一位幼儿的自信心。

图 4-1-30　区域设置：剪纸坊

四、公开课——《阿诗有块大花布》

通过《阿诗有块大花布》集体教育活动，让孩子们感受故事中灰黑色水墨画的调色和中国传统红色剪纸图案相结合的绘本画面，感受剪纸花布纹样的美。而且在教育活动中孩子们不光欣赏剪纸艺术，还掌握了故事中的完整句式，语言能力也得到了提升。

图 4-1-31　公开课《阿诗有块大花布》

五、课程反思

一把小小的剪刀，蕴藏着无限的乐趣，吸引着孩子们想去认识、探寻和发现剪纸的奥秘。本次活动中，幼儿充分掌握了剪纸的技能技巧，有了很多的收获。孩子们从不了解剪纸到走进剪纸，从不会剪纸到掌握剪纸技巧，从随便玩玩到认真探索，从掌握一种剪纸技巧到掌握多种剪纸技巧，从几个人会到大家都会。基本上所有的幼儿都能不在老师的帮助下进行自主剪纸，并且剪出来的纸都很完整，剪出来的每一个花纹都不一样……我想这就是本次剪纸课程主题的意义与收获。孩子们在课程实施中，相互讨论、相互帮助、积极主动、共同进步，这就是我们最想看到的样子，倾听、表达、互助、实践，这也是教育所期待的状态。我们之后将会持续进行剪纸活动，在新年主题和活动中进一步剪出窗花装饰班里，帮助幼儿了解传统窗花样式，进一步加深对窗花剪纸艺术的认识。种下兴趣的种子，这只是一个开始，我们会继续努力，积极做优秀传统文化的传承者！